U0754665

公司运行中的法律问题研究

曹颖 著

知识产权出版社
全国百佳图书出版单位

图书在版编目（CIP）数据

公司运行中的法律问题研究/曹颖著.—北京：
知识产权出版社，2017.3

ISBN 978-7-5130-4799-9

Ⅰ.①公… Ⅱ.①曹… Ⅲ.①公司法—研究—中国

Ⅳ.①D922.291.914

中国版本图书馆 CIP 数据核字（2017）第 050226 号

责任编辑：刘 睿 刘 江　　　责任校对：潘凤越
封面设计：张国仓　　　　　　　责任出版：刘译文

公司运行中的法律问题研究
Gongsi Yunxing Zhong de Falü Wenti Yanjiu

曹　颖　著

出版发行：**知识产权出版社**有限责任公司	网　　址：http://www.ipph.cn
社　　址：北京市海淀区西外太平庄55号	邮　　编：100081
责编电话：010-82000860 转 8344	责编邮箱：liujiang@cnipr.com
发行电话：010-82000860 转 8101/8102	发行传真：010-82005070/82000893
印　　刷：保定市中画美凯印刷有限公司	经　　销：各大网上书店、新华书店及相关专业书店
开　　本：880 mm×1230 mm　1/32	印　　张：7
版　　次：2017 年 3 月第 1 版	印　　次：2017 年 3 月第 1 次印刷
字　　数：134千字	定　　价：28.00元

ISBN 978-7-5130-4799-9

序　言

　　"法律只有在社会生活实践中才会更生动。"自己就是带着这样一份好奇、热情和对已逝去求学生涯的眷恋，从法学院毕业走入社会进入律所开始律师执业生涯。一晃十年过去了，时光总是一点点流逝，该是要留下一点点纪念，可能在他人眼里，这不会是一本畅销书，却真实地记载了，一个对法学极度热爱、极度痴迷的人如何在律师执业生涯中，从理论走入社会生活，渐渐完成一个法律职业人的转变。在此，我将从理论到实践再回归理论的一点点体会留于笔端，以作分享。

　　自执业以来，代理过诸多案件，案件类型纷繁复杂，案件中反映的问题各有特色，但基本都是以公司为主体，涉及公司经营管理的各个环节，是公司经营管理过程中问题的集中反映。因此，本书将以自己实际承办案例为引导，从公司的劳资关系、公司与交易相对方的合同关系、公司的知识产权保护等民商事法律关系以及公司运行过程中的刑事犯罪风险防控问题等方面，深入挖掘公司经营管理过程中发生的突出问题和前沿问题，深入研究现有法律规定在公司经营管理中的具体适用情况，深刻剖析相关法律规定的基本原理、适用原则和使用规则，指出现有法律规定的优势和弊端，并进而从实务层面提出规范公司经营管理、防范公司运行风险、降低公司运行成本、提高公司经济和社会效益的针对性、可行性和建设性意见和建议，以更好地促进我国社会主义市场经济的关键主体——公司的稳定、有序、高效发展。

目　录

一、合同篇

契约自由原则及其限制...3

合同履行的认定规则...17

双方违约及其违约责任承担.......................................32

违约可得利益的赔偿规则...50

违约金酌减的司法分析...60

法人人格否认制度在关联企业中的适用.....................69

二、劳动篇

关于企业委托第三方代缴社会保险费法律问题之浅析........89

严重违纪解除劳动合同的司法裁判适用研究.....................101

经济补偿条款与竞业限制协议认定规则.........................118

涉外劳动用工法律风险分析...132

三、知识产权篇

论商标在先使用权的认定...155

四、执行篇

民事执行程序中的参与分配制度理论与实务探析.............169

五、刑事篇

浅析渎职罪主体之界定

　　——对《立案标准》附则（三）的解读...........................191

浅析单位犯罪之自首认定...209

一、合同篇

契约自由原则及其限制

【本文要旨】

契约自由是私法的基本原则，是合同法的基石和灵魂，是贯穿合同法始终的主线，对合同法律制度的发展具有深刻的影响。契约自由意味着当事人意思自治，即当事人可以依照自身意愿和法则去创设权利和义务，且必须按照契约完全地履行自己的义务，法官裁判也必须按照契约的条款予以裁判。契约自由充分尊重并保障当事人的自由选择，使当事人的"自主意志"得到充分展现，极大地推动经济发展、促进社会进步。但任何自由都不是无限制、无边界的，且契约自由所立足的经济基础也发生了深刻的变化，社会主体呈现多样性，社会关系逐渐复杂化，社会矛盾日益突出，两极分化现象严重，完全恪守绝对的契约自由，则会损害社会的公平正义，阻碍经济和社会进步。在现代社会，为了保障契约的真正自由，实现契约的实质正义，一方面要高举契约自由的伟大旗帜，严格坚守契约自由原则，另一方面要对其加以限制，以防止契约自由的滥用。

【案情简介】

A与B文化经纪有限公司（以下简称"B经纪公司"）于2008年10月1日签订了为期13年的代理合同，约定由B经纪公司作为A的经纪人，独家全权代理A处理其在全世界范围内的演艺事业，由B经纪公司对A进行"重点推广"。合同签订后，A参与了一些影视剧的演出，并成为一些广告的代言人，拥有了一定的社会知名度，获得了相应的经济收益。2010年9月20日，A以B经纪公司不是合同所承诺的具有从事演艺经纪代理能力、经验及资质的专业演艺经纪公司，且严重违反合同义务和承诺为由，单方解除了与B经纪公司签订的代理合同。B经纪公司以A的单方解约行为严重损害了其合法权益并给其造成巨大的经济损失为由，向北京仲裁委员会申请仲裁，请求A偿付B经纪公司为其演艺事业支出的全部成本，并赔偿其给B经纪公司造成的其他损失。

【审理结果】

北京仲裁委员会审理后，认为双方于2008年10月1日签订的代理合同是双方当事人的真实意思表示，合法有效，应作为确定双方当事人权利义务和本案裁判的依据；虽然A在履行合同的将近2年内并没有违约行为，而B经纪公司未按照合同的约定办理"营业性演出许可证"，且对A提供的经纪服务不专业，在履行合同期间存在一定瑕疵，但本案合同没有明确约定"重点推广"的标准，也没有约定培训的时间和内容，没有证据证明上述瑕疵影响本案合同目的的实现，故双方均应承担一定的责任，同时考虑到本案合同期限为13年，至解除时仅履行了近2年，A提出解除合同，并非完全是"不可归责于该当事人"的情形，因此，认定A对解除合同仍应承担一定的赔偿责任。根据本案合同约定的"独家经纪委托"的性质和年限、签订合同的"前提条件"以及A的权利和义务，A参与的影视剧的演出和成为广告代言人，均是在本案合同履行期间，故认定这些行为直接构成或推定为B经纪公司履行本案合同义务的行为。即使仲裁庭主观上甚至可能认为某些行业惯例可能难为普通人所接受，但在不违反法律的强制性规定和公序良俗的前提下，仲裁庭无权干预，而且应当尊重当事人自治和某些行业习惯所形成的合同条款。所以，A在解除合同时，应当给予B经纪公司合理的经济赔偿。

【理论探讨】

一、合同法律关系中必须坚持契约自由的基本原则

本案将基于双方当事人的意思自治而形成的合同作为认定双方权利义务的根据和仲裁的依据，充分保障了当事人的意思自治，强调了合同法律关系坚持契约自由的重要性。契约自由思想起源于"商品生产者社会的第一个世界性法

律"——罗马法，并在19世纪的自由经济时代得到全面推崇，成为一项法律基本原则予以确立。契约自由原则的坚持和运用，对经济和社会的发展具有积极的推动作用。

（一）契约自由的内在规定性决定其存在的合理性

契约自由意味着"缔约不受强制"。（1）在契约订立之前，契约自由是指"是否缔约的自由"和"选择缔约相对人的自由"。即每个人基于自己的利益或需要，有权决定自己是否与他人缔约，以及与谁发生契约关系，任何人都不得强迫他必须缔约或与特定的人缔约，充分尊重个人的意愿和选择，是个人自由的充分体现，这是契约对其产生约束力的前提条件和正当性基础。（2）在契约的订立过程中，契约自由是指"决定缔约内容和契约形式的自由"。即契约的当事人根据交易需要自由确立交易目的、明确契约标的、约定履约方式、分配交易责任等，并自由决定契约采取口头、书面或电子等形式。这是契约双方在契约中"整体自由"的实现，他们通过缔结契约形成专属于他们的特定关系，这一关系不受任何关系之外的人或组织的干预，具有封闭性和排外性，充分保障契约关系作为独立整体不受外界干预的自由。而契约的内容是基于双方当事人的协商而形成的，其必然包含个人部分权益的让渡或放弃，而在契约自由原则下，这种让渡或放弃完全是基于个人自愿的，这就决定了权利和义务行使的正当性基础和保障。

契约自由意味着"约定必须遵守"。基于"个人自由意志"而订立的契约，是双方当事人在充分考虑自身和对方需求、权衡各方利害关系的情况下，相互自愿为对方和自己设定权利和义务的结果，是在当时的条件下实现自身利益最大化的最佳途径，当事人为了最大限度地实现自己的权益，必然会自觉遵守并要求对方遵守契约的规定，以保障契约的正常履行。

契约自由意味着"违约应负责任"。契约是双方经自由协商共同选择的一种权益关系，各方为了实现自身的利益，在契约中自愿地设定了违约责任，由当事人承担践约的责任，是契约自由的内在要求和最后保障。个人自由包括行为的自由，既有实施履约行为的自由，也有实施违约行为的自由，那么在个人实施违约行为时，由其承担自由行为的后果即违约责任则是必然结果。

契约自由的内在规定性，符合人们追求自由、实现自身利益的基本要求，能使人们在自愿的前提下，自觉接受契约的约束，是社会生产力和人自身发展的必然要求和结果。

（二）契约自由的基本价值决定其存在的必要性

契约自由原则是经济发展的产物，具有重要的经济价值。利益是市场经济发展的驱动力，追求利益的最大化是人们进行交易活动的目标和动机，这就要求人们寻求一种途径能充分地保障利益的实现，契约作为交易的最主要方式应运而生，而契约作为不同于身份的最大优势就是其对自由的确立。契约自由意味着对人的绝对尊重，保证了人们交易地位的平等，在交易的过程中，人们根据自身的需求、商品及其价格等，充分谈判、自由选择、自主决策、自我救济，从而使契约双方在对各自都最有利的情况下完成交易，实现自身利益进而促进社会利益的实现。同时，契约关系的存在打破了身份关系的等级制约和特权观念，促进了平等、自由的市场竞争环境的形成，扩大了人们交易的范围，打破了交易的地域限制，促进了世界市场的形成，极大地推动了全球经济的发展。

契约自由作为私法的基本原则，具有重要的法律价值。（1）有利于当事人根据自己的选择预见行为的法律后果，形成权利义务的有效预期，以维护交易的稳定、降低交易的风险。契约是当事人根据自己的自由意志，通过平等协商，形成的相互之间的权利义务关系，对双方当事人具有法律的约束力，是当事人行使权利和履行义务的依据，也是司法裁判的依据。当事人全面履行契约的义务时，就会实现其应有的权利、获得可预见的利益；当其违反契约义务时，就要承担契约所约定的责任。基于这种权责的预见，当事人权衡利益得失之后，其履行契约的主动性和积极性会大大提高，从而确保了契约法律关系的实践性和有效性。（2）契约的明确约定及契约关系的相对独立性，有利于争议的迅速解决，节约了交易的成本。契约争议的解决方式及违约责任是契约的重要组成部分，在契约中会予以明确的约定，契约具备责任追究、自我修复和补救能力，能在发生争议的情况下，双方依据契约的规定，在第一时间自行解决，而无须社会其他力量的参与，极大地节约了时间成本和社会成本。

（三）契约自由的发展历程决定其存在的必然性

契约自由作为一种观念，早在古罗马时期已经存在，推动了古罗马经济的发展和罗马帝国的强盛。虽然在欧洲宗教统治的中世纪，契约自由思想受到压制，但人们对自由的追求始终没有停止。15世纪欧洲文艺复兴运动的兴起，使自由主义思想大放异彩，18～19世纪资产阶级革命的成功，将个人自由推崇到了至高无上的地位，契约自由再次登上历史的舞台，并达到绝对化的鼎盛时期。1804年的《法国民法典》将契约自由作为契约法的基本原则予以确立，随后的1896年的《德国民法典》《端士债务法》、美国的"宪法修正案"等均明确了"契约自由"的法律基本原则，契约自由成为近代资本主义国家民法的至高原则乃至宪法的基础，推动资本主义世界经济的飞速发展和世界市场的逐渐形成。在20世纪及21世纪的今天，世界已不再是自由经济时代，但契约自由仍然是市场交易的基本要求，是私法领域的基本原则，并在全世界范围内得以推广，在各国的法律中得以确认。契约自由的产生、发展，顺应了社会生产力的发展趋势，满足了人们的发展需要，是人类社会发展的必然要求和结果。

二、契约自由必须予以适度的限制

本案中，北京仲裁委员会在认定合同的效力时，明确了合同有效的前提条件，即"不违反法律的强制性规定和公序良俗"。所以，要保证契约自由的真正实现，必须对自由加以适当的限制。

（一）契约自由的假设前提条件，必须依靠外在干预保障其实现

契约自由是以契约主体均为理性人为假设前提的，而人格平等和自由是理性人的必要前提。平等有两种含义，即形式上的平等和实质上的平等，或者称为法律上的平等和事实上的平等。法律上的平等是指一切自然人、法人在法律意义上的抽象的人格平等；而事实平等是指在现实生活中的平等。而现实生活中，由于年龄、出身、职业、民族、国籍等不同，人们的认知能力、收入水平、生活条件、经济环境等存在重大的差异。特别是在经济突飞猛进的今天，经济发展不平衡成为普遍现象，贫富差距加大，交易主体的经济条件差距明显，事实上不可能平等地进行交易，处于弱势地位的交易主体迫于客观原因，必须屈从于强势一方的意愿，契约双方的权利义务无法实现平衡，尤其是在法人大量崛起并在交易中占据主导地位时，自然人相对于法人而言，明显处于弱势地位，很难实现二者的平等交易。交易主体地位的不平等，必然产生交易行为的不自由，导致交易的不公平、社会的不公正，促使社会矛盾的加剧，阻碍经济的发展，影响社会的和谐。

（二）契约自由自身固有的缺陷决定必须对其加以限制

契约自由是建立在自由市场经济的基础上，自由经济条件下的竞争，各经济主体相互独立，且仅以自身利益最大化为目标，必然会导致盲目竞争，产生个人资源和社会资源的极大浪费。同时，由于彼此的孤立，会导致信息的闭塞和不对称。在交易过程中，由于一部分人了解信息，另一部分人不了解信息，就会使信息优势方利用信息优势，在追逐利润最大化的驱动下，不惜采取伪造、假冒、欺诈、威胁等手段，损害弱势群体的利益，这种不正当竞争必然导致资本越来越向少数优势群体集中而形成垄断组织，进而损害社会绝大多数人的利益。这就要求通过政府干预，实现资源和信息的共享，防止竞争的盲目性和不合理性。

（三）经济和社会发展要求对契约自由加以限制

随着自由经济过渡到垄断经济时代，社会财富越来越向少数大企业集中，交易的不平等现象越来越严重，契约自由的实质逐渐消失，贫富分化和两极对立加剧，社会竞争秩序遭到破坏，社会公正受到挑战，社会整体利益受到损害，私法领域的平等、自由和自治也受到极大的破坏，契约关系中出现了特权保护或特殊权益，契约自由已经名不副实。

随着社会全球化和信息化，个人的社会化程度得到空前的发展，人与人之间的联系日益紧密，任何人都不能独立地存在，都需要极大地融入社会的大群体中，社会对人提出了开放性的要求。这就要求人们必须在社会利益的限制和保障下，才能真正实现自身的权益和自由，契约自由也必须以不侵害社会的公共利益或他人的权益为限制，由此公序良俗原则、诚实信用原则、法律的强制性规定等作为对契约自由的限制，逐渐受到重视，并在法律中予以确立。

（四）我国法律中对契约自由的确立和限制

"契约自由"原则也是我国私法的基本原则，是我国合同法的灵魂。《民法通则》第4条规定："民事活动应当遵循自愿、公平、等价有偿、诚实信用的原则。"《合同法》第3条规定："合同当事人的法律地位平等，一方不得将自己的意志强加给另一方。"第4条规定："当事人依法享有自愿订立合同的权利，任何单位和个人不得非法干预。"

然而契约自由不是绝对的，为了维护社会的公平正义和社会的良好秩序，我国也从法律上对"契约自由"进行了限制。《民法通则》第6条规定："民事活动必须遵守法律，法律没有规定的，应当遵守国家政策。"第7条规定："民事活动应当尊重社会公德，不得损害社会公共利益，扰乱社会经济秩序。"《合同法》第5条规定："当事人应当遵循公平原则确定各方的权利和义务。"第6条规定："当事人行使权利、履行义务应当遵循诚实信用原则。"第7条规定："当事人订立、履行合同，应当遵守法律、行政法规，尊重社会公德，不得扰乱社会经济秩序，损害社会公共利益。"同时，对现代经济发展催生的格式条款也进行了限制性规定，极大地保障了弱势群体的利益。《合同法》第41条规定："对格式条款的理解发生争议的，应当按照通常理解予以解释。对格式条款有两种以上解释的，应当作出不利于提供格式条款一方的解释。格式条款和非格式条款不一致的，应当采用非格式条款。"

总之，在不违反法律对契约自由的限制的情况下，当事人要对基于自己的自由意志缔结的契约负责，要严格按照契约的约定履行义务，否则要承担相应的法律责任，这是当今"契约自由"发展的新要求。

【实务评析】

在新的社会发展条件下，"契约自由"原则有了新的内涵和新要求，这就要求在法律的实践活动中，准确把握并运用这一原则。

一、拟定合同不突破法律对"契约自由"的限制

合同是否能够有效地成立，不仅需要双方的真实意思表示，而且必须在法律的限制范围内，即以不突破法律对"契约自由"的限制为原则。公序良俗、诚实信用、不违反社会公共利益是任何民事活动都必须遵守的基本原则，这就要求拟定合同的内容和性质必须以不侵害人民大众和社会的公共需要为前提。在拟定特定行业或领域的合同时，要认真研读并准确把握相关行业的法律规定，熟练掌握其中的限制性和禁止性规定，也要对特定的行业惯例或交易规则予以掌握，确保合同的内容不存在任何违反法律的强制性规定或行业限制的条款。

二、充分表达自由意志，确保合同内容的全面性和可操作性

契约自由赋予人们充分表达自由的权利，在拟定合同时，要将这一权利充分利用。从合同的目的、形式、标的、权利义务的分配、履约的方式、违约责任、承担责任的方式等方面，逐个细节进行协商和讨论。本案中，因为A和B经纪公司就"重点推广"的标准、培训的时间和内容等约定不明确，导致在合同的履行过程中存在重大争议，进而导致本案诉讼的发生。所以，在拟定合同的过程中，要不厌其烦地沟通、谈判、协调，尽可能地使合同的条款具体、完备，将当事人的风险降到最低限度，确保其在履行

的过程中不存在争议、具有很强的操作性和约束力，以实现当事人利益的合法化和最大化。

三、严格按照合同约定解决合同争议

基于当事人意志自由产生的契约，对双方当事人具有法律的约束力，任何一方都必须按照约定全面履行自己的义务。但由于个人行为选择的自由和各种偶然因素的影响，人们在履行合同的过程中，会存在不履行或不完全履行合同义务的情形，这时合同就是保护当事人权益的最重要依据，就要以合同为依据，严格对照、及时主张，通过协商、诉讼或仲裁等途径快速、有效地解决合同的争议，以节约成本、降低损失。

四、合理利用格式合同（条款），提高交易效率

我国《合同法》第39条第2款规定："格式条款是当事人为了重复使用而预先拟定，并在订立合同时未与对方协商的条款。"在现代社会中，格式合同（条款）被广泛应用于各个行业，成为人们日常交易中的主要合同形式。而格式合同的适用本身就意味着合同双方存在某些信息的不对等，且有些格式合同并不完全适合当事人之间的交易，这就要求当事人在适用格式合同时，尤其是格式合同的接受方，要认真了解格式合同的内容，掌握其对自身权利和义务的限制，发挥自己的主观能动性，与提供格式合同的一方充分协商，尽量较少或变更对自身不利的格式条款，或

者可以另外签订补充条款或非格式条款作为合同的有益补充；对于提供格式合同（条款）的一方，也要充分考虑行业的惯例和当事人的理解能力，从实现双方利益最大化的角度出发，认真履行自身的提示或解释义务，以避免纠纷的发生。

合同履行的认定规则

【本文要旨】

合同履行是合同的关键环节，是合同法律效力的最集中表现，是全部合同制度的核心，是合同目的得以实现的根本保障。合同由谁履行、履行什么、如何履行等是合同的重要内容，合同是否履行以及履行的程度直接影响合同目的的实现和交易行为的效果，进而影响个人利益和社会利益的实现，合同履行在合同法律关系中至关重要。而在现实生活中，合同履行的规则和要求不清晰、标准不统一，导致因合同履行发生诸多争议，使人们之间产生信任危机，增加交易风险和解决争议的成本，造成社会资源的浪费，影响社会秩序的和谐稳定，无法满足经济增长和社会发展的需要。因此，明确合同履行的原则、确定合同履行的标准、制定合同履行的认定规则，对促进合同的履行具有重要意义。合同的缔结和履行都是以合同目的为指向和轴心的，所以，合同的履行必须以合同目的的实现为宗旨，以合同的实质履行为认定标准。

【案情简介】

A工程技术有限公司（以下简称"A公司"）与B水业有限公司（以下简称"B公司"）于2009年9月2日就某煤矿矿井水回用工程签署合同。合同约定，由A公司承包除超滤系统之外新建厂房、多流向强化澄清器系统、过滤系统、污泥系统以及辅助专业的电器、自控、暖通的设计、设备、安装、土建等部分的工程。该工程于2009年9月10日开工，2010年6月10日竣工，该工程已实际交付使用。A公司于2010年6月10日向B公司提交"单位工程技术竣工证书"及"单位工程验收证书"，A公司和监理单位均已签章，但B公司一直未签章，且未按照合同约定的支付时间和金额向A公司支付相应的工程款。此外，在合同技术附件和会议备忘录等多处文件中显示建设单位为C公司（B公司的母公司）。为此，A公司向北京仲裁委员会申请仲裁，请求B公司支付拖欠的合同款，承担A公司支出的律师费以及案件仲裁费用。

【审理结果】

北京仲裁委员会经审理认为：B公司为C公司的全资子公司，且在工程项目的有关文件中个别使用了C公司的名称，但鉴于案涉项目是以C公司的另一项目为基础，且合同缔结方和合同的实际履行者均为B公司，本案合同的履行主体应为A公司与B公司。案涉项目虽然并未进行竣工验收，也未结算工程价款，但工程已实际交付使用，A公司已经按照合同的约定交付工程，履行合同义务，B公司应当按照约定支付拖欠的合同款。因A公司提交的工程竣工结算单系其单方制作，故北京仲裁委员会委托鉴定机构对工程造价及工程结算价款进行了鉴定，并依据鉴定结论作出裁决：由B公司向A公司支付拖欠的合同款及本案律师费。

【理论探讨】

本案中，无论是对合同主体的认定，还是对合同是否履行的认定，北京仲裁委员会并非恪守合同的表面约定，而是以合同目的的实现为宗旨，以实质履行状况为认定标准，准确界定合同的权利义务关系，有力地保护了当事人的合法权益。

合同履行是指依法成立的合同规定的义务的执行。合同中规定的任何形式或内容的义务的执行，都是合同的履行行为；相反地，凡是不执行或者不完全执行合同规定的义务的行为，都是合同的不履行。因此，合同履行，简单地说，就是指当事人执行合同义务的行为或过程。随着我国社会经济的飞速发展，合同的类型日渐增多，但归根结底都是一种契约，具有契约的共同特点和要求。因此，要探讨具有普适性的合同履行原则和认定规则，为市场经济的最主要法律关系——合同关系确定明确、统一的标准，以维护交易的公平、安全和社会经济秩序的稳定，实现经济的增长和发展。

一、以合同目的的实现为宗旨，明确合同履行的基本原则

（一）全面履行原则

全面履行原则，又称正确履行原则或适当履行原则，是指当事人按照合同约定的标的、质量、数量等，由合同的主体在约定的履行期限、履行地点，以恰当的履行方式，全面完成合同的义务。只有当事人完全按照合同的约定履行了全部义务时，合同的目的才能真正地实现，交易才能完成。因此，合同履行必须以全面履行为基本原则。这一原则在我国法律中也予以明确确立。我国《民法通则》第88条第1款规定："合同的当事人应当按照合同的约定，全部履行自己的义务。"《合同法》第60条第1款规定："当事人应当按照约定全面履行自己的义务。"

（二）实际履行原则

实际履行原则，又称严格履行原则，是指当事人按照合同约定的标的履行合同义务的原则。标的是合同目的实现的载体，如果用其他标的代替原合同的标的，则履行的就不是原来的合同，也就无法实现原合同的目的，所以，合同的履行必须严格按照约定的标的履行。它包含两方面的要求：（1）在合同履行中，要严格按照合同约定的履行

标的，不能用其他标的代替原合同标的。也就是说，对于依法成立的合同，约定的标的是什么，义务人就应当履行什么。（2）要实际地履行标的，而不能随意地以赔偿金或违约金代替履行标的。比如，服务合同，权利人是以在特定的时间获取某种服务为目的的，如果义务人以不能如约提供服务而以赔偿金的形式履行义务，则服务合同的目的根本无法实现，无法满足权利人的需求。但是，实际履行也不是绝对的，在某些特殊情况下也可以予以变通。比如以特定物为标的的合同，在合同履行过程中，标的物灭失，则无法再以该标的物为载体履行合同，这时双方可以协商变更合同，以同类标的物或支付赔偿金等形式来实现合同的目的。总之，实际履行原则的使用也必须以合同目的的实现为基本前提。

（三）诚实信用原则

诚实信用原则，简称诚信原则，是指在合同订立、履行、变更、解除的过程中，乃至合同关系终止后，合同当事人行使权利、履行义务应当讲诚实、守信用，互相配合协作，不损害他人、国家或社会利益。诚实信用原则，在大陆法系被视为债法中的最高指导原则，有"帝王规则"之称，它适用于各种民事法律关系，尤其在合同法律关系中是一项非常重要的原则。诚实信用原则在合同履行中主要包括前契约义务、契约义务、后契约义务三个方面的内容。我国《合同法》第42～43条对前契约义务及缔约过失责任都作出了明确的规定。前契约义务，指当事人在缔约过程中不得假借订立合同恶意进行磋商，不得故意隐瞒重要事实或提供虚假情况，不得泄露或者不正当地使用在合同订立过程中知悉的商业秘密等。违背前契约义务将承担缔约过失责任，会导致合同无效或可撤销。我国《合同法》第60条、第119条对契约义务进行了规定。契约义务，指当事人应当按照合同约定全面履行自己的义务；不得有欺诈行为；应当根据合同性质、目的和交易习惯履行通知、协助、保密等义务，以及采取适当措施防止损失扩大等义务。我国《合同法》第92条明确规定了后契约义务。后契约义务，指在合同终止后，当事人应当根据交易习惯履行通知、协助、保密等附随义务。我国《合同法》不仅在总则中将诚实信用原则用法律形式固定下来，而且在分则的许多规范中都体现出诚实信用原则的精神。诚实信用原则，不仅是订立和履行合同的基本原则，也是解释合同、裁判案件、解释法律的重要原则，特别是在合同没有约定或约定不明确的情况下，就可以以合同目的的实现为宗旨，结合实际生活和法律规定，直接运用诚实信用原则解释合同。

（四）协作履行原则

协作履行原则是诚实信用原则在合同履行领域的具

体体现，是指当事人基于诚实信用原则的要求在合同履行过程中给予对方以协助的原则，它包括所有基于诚实信用原则而产生的以实现合同目的为宗旨的义务。只有债务人的给付行为，没有债权人的受领行为，合同的内容难以落实、合同目的难以实现。尤其是在建设工程合同、技术开发合同、技术转让合同、提供服务合同等场合，债务人实施给付行为也需要债权人的积极配合。因此，合同履行不仅是债务人的事，也是债权人的事，而协助履行往往是债权人的义务，这就要求当事人积极履行协助义务，相互配合、互相协作，确保合同履行过程的顺利完成。但协作履行原则的适用并不是要忽略当事人独立的合同利益，而加重债权人的负担，而是必须以合同目的的实现为限度。

（五）情势变更原则

情势变更原则，是指合同依法成立后，因不可归责于双方当事人的原因发生了不可预见的情形，致使合同的基础丧失或动摇，若继续维护合同原有效力则显失公平，从而允许变更或解除合同的原则。合同订立是依赖于特定的客观环境，当事人在合同中约定的权利和义务也是与当时的客观环境相适应的，权利义务的对等，也是针对该环境而言的。如果该客观环境发生改变或已不复存在，而仍然坚持按照原来的合同约定履行义务，则明显不公平、不合理。这就需要在围绕合同目的的实现这一宗旨，根据客观环境的变化，对合同予以变更乃至解除，才符合公平、公正的价值要求，才能避免风险和损失的扩大。

（六）经济合理原则

经济合理原则要求当事人在履行合同时，讲求经济效益，以最小的成本付出取得最佳的合同利益。此原则是经济履行原则在法律中的确立，要求合同双方当事人在履行合同中，在兼顾自己以及他人和国家、社会利益的前提下，以最经济便捷的方式，最大限度地实现为双方当事人和社会创造财富的目的。经济合理原则是合同履行阶段适用的特有原则，其必须以合同成立并生效为前提，如果合同不生效，也就不会产生合同的履行。运用此原则时应注意其本身包括的两个基本要求，即经济和合理。在合同的履行中，既要最大限度地追求经济效益，还要考虑履行合同的方式或手段是否合理，如果在追求个人利益的同时，损害了他人、国家或社会的利益，那么这种行为就是为法律所禁止的，所以该原则要求必须在合理的基础上追求双方利益的最大化。这一原则在合同法上主要体现在两个方面：（1）在订立合同时，双方当事人已经充分地考虑到各自的利益，合同是双方当事人的真实意思表示的合意，当事人按照约定履行合同就体现了经济合理原则；（2）在客观条件发生变化或当事人约定不明时，就要求合同当事人遵循经济合理原则履行合同，及时协商变更合同或采取有效措施履行合同，以最大限度地维护双方当事人的权益，确保合同目的的实现和交易的完成。

二、以实质交易情况为标准来认定合同履行

虽然合同会对履行主体、标的、期限、地点、方式、结果、费用等内容予以明确的约定，但在实际的交易过程中，由于各种主客观因素的影响，合同的实质履行情况往往会与合同的表面约定存在重大差异，这时如果简单地依据合同条款的表面约定而对合同的效力和履行状况予以认定，则会损害实际权利人和义务人的合法权益，无法实现交易的实质正义。这就要求必须以实质交易情况为标准来判定合同的履行情况。

（一）明确、披露合同履行的真实主体

合同是包括债权人和债务人双方的，因此，合同履行主体不仅包括债务人，也包括债权人。合同的全面履行，主要依赖于债务人履行债务的行为，它直接决定履行的结果；同时要依赖于债权人的受领行为，它影响着履行效果的确认和实现。基于合同的相对性，其履行主体仅限于合同缔结的双方，而不涉及合同之外的第三人，这就要求在缔结合同的过程中，将合同主体准确予以确定，且在履行的过程必须要求合同的约定主体履行义务。但由于种种客观因素的影响，比如关联公司参与的合同、借用他人名义订立的合同等，合同的实际履行主体与表面约定的主体不

一致，这样就不能仅以表面约定为认定依据，而要披露实质的履行主体，以保障合同真实主体的合法权益。例如在本文涉及的案例中，B公司是C公司的全资子公司，案涉的项目也是以C公司的另一项目为基础的，且在案涉项目的相关文件中还个别沿用了C公司的名称，但结合合同订立的主体和实际的交易过程看，合同履行的真实主体是B公司而非C公司，这种对真实主体的认定，避免产生因B公司和C公司相互推诿而使A公司的权益无法得到救济的不利后果，有利于明确责任主体、维护交易安全。

（二）立足合同性质和实际需要，使不明确的合同约定明晰化

我国《合同法》第61～62条等条款对合同约定不明确的情况下，如何履行合同作出了比较明确、详细的规定。第61条规定："合同生效后，当事人就质量、价款或者报酬、履行地点等内容没有约定或约定不明确的，可以协议补充；不能达成补充协议的，按照合同有关条款或者交易习惯确定。"第62条规定："当事人就有关合同内容约定不明确，依照本法第六十一条的规定仍不能确定的，适用下列规定：（一）质量要求不明确的，按照国家标准、行业标准履行；没有国家标准、行业标准的，按照通常标准或者符合合同目的的特定标准履行。（二）价款或者报酬不明确的，按照订立合同时履行地的市场价格履行；依

法应当执行政府定价或者政府指导价的，按照规定履行。（三）履行地点不明确的，给付货币的，在接受货币一方所在地履行；交付不动产的，在不动产所在地履行；其他标的，在履行义务一方所在地履行。（四）履行期限不明确的，债务人可以随时履行，债权人也可以随时要求履行，但应当给对方必要的准备时间。（五）履行方式不明确的，按照有利于实现合同目的的方式履行。（六）履行费用的负担不明确的，由履行义务一方负担。"在没有约定或约定不明确的情况下，上述履行标准的确立，必须以实现合同目的为宗旨，结合合同的性质和实际履行条件来明确具体的履行标准。如对履行方式约定不明确的买卖合同，标的物的运输方式和运输主体可以有多种，尤其在快递行业发展迅速的今天，买卖双方可能基于不同的考虑选择不同的快递公司进行运输，如果在运输的过程中，卖方选择一家而买方并未提出异议的情况下，就可以认定实际履行过程中的快递公司的运输，而使合同的履行方式得以明确，降低了双方因履约方式不明而付出的沟通或交易成本。

（三）以实质履行成果认定合同履行结果

我国《合同法》第60条第1款规定："当事人应当按照约定全面履行自己的义务。"第107条规定："当事人一方不履行合同义务或者履行合同义务不符合约定的，应当承担继续履行、采取补救措施或者赔偿损失等违约责任。"

当事人全面履行合同约定的义务是合同本身的内在要求，但是在实践中，当事人对是否履行或是否完全履行了合同的义务往往存在较大的争议。且因主客观条件的影响，合同的实际履行往往不能与合同的约定完全吻合，这时严格地按照条款的规定予以认定，就会掩盖合同的真实履行情况，因此，要从履行的实质情况来分析和认定合同的履行状态。我国合同法虽然没有明确规定实际履行义务视为合同履行完成，但在《合同法》第36条规定了"……一方已经履行主要义务，对方接受的，该合同成立"，即当事人实际履行合同义务可以作为认定合同成立的标准。那么，作为合同的履行过程而言，也应当以实质履行成果作为合同履行的认定标准，而不能仅仅局限于合同的表面约定。如本文所引案例中，按照合同约定，案涉项目必须经过竣工验收，才视为工程完工，但因为B公司的原因，导致案涉工程的竣工验收程序未完结。如果严格按照A公司和B公司之间的合同约定，A公司并未完全履行合同义务。但实质上工程已经实际交付使用，即A公司已实际履行了合同义务，且B公司也已接受，故北京仲裁委员会以合同实质履行成果认定A公司已履行完合同义务。

总之，必须以合同目的的实现为宗旨、以一定的履行原则为指导、以实质履行成果为标准，对合同履行予以认定，才能实现合同的真实效用和实质正义，促进社会经济的快速发展，维护社会秩序的和谐稳定。

【实务评析】

结合实际，在合同的拟定和履行过程中，要注意以下几点。

一、明确、细化、完备合同条款

合同是双方当事人自由意志的充分表达，是为了在合理的基础上实现当事人权益的最大化，合同概念的模糊或条款的不明确，会使当事人在履行合同的过程中产生争议，增加争议解决的成本和延误履行的时间成本，降低了合同的效益。这就要求当事人在缔结合同的过程中，认真沟通、充分协商，准确界定合同关键概念的内涵，确定合同的主体和标的，细化合同履行的方式、地点、期限、费用、质量、结果等内容，明确当事人的权利和义务，尽最大能力完备、细化合同条款，减少歧义和误解，使合同的可操作性和约束力得到保证。

二、有效利用补充协议和交易习惯

现实生活的复杂多变，导致合同类型和内容的纷繁复杂，很多合同需要经过多次谈判、磋商，并且在实际的履行过程中，也需要不断地进行细节方面的变更，单纯地依靠最初的原始合同是无法满足合同履行的需要的，这就需要当事人充分发挥补充协议或交易习惯的作用。应将补充协议与合同文本放在同等重要的地位予以重视，在签订补充协议时，也要充分表达自己的意愿，合理分配双方的权利义务。交易习惯是某一行业或领域内的通常交易规则，在很多情况下，这些规则是不在合同中约定的，如果没有对交易习惯的充分了解和准确理解，就会因为自身的误解而在交易中处于不利地位。尤其是目前大量存在的法人与自然人之间的交易中，法人对于自然人来说，处于明显的优势地位，且此类交易多采用格式合同，这时自然人如果不注意对交易习惯的把握、不注重行使其可以要求法人履行提示和解释义务的权利，就会导致合同的不公平和其自身权益的损害。所以，要有效利用补充协议这一方式，使合同履行的依据更加完善；要准确掌握交易习惯，并善于运用交易习惯或行业规则解释合同，以降低交易的风险，保障个人利益和社会利益的实现。

三、细化履行过程，确保实际履行成果

在合同的基本内容和要求不变的情况下，会出现合同履行细节的变更或调整。细节有时会决定成败。那么，对于这些细节的变化，可以通过备忘录、电话录音、电子邮件等方式做好记录，避免因细节履行的改变而导致对整个合同履行的认定偏颇。合同履行也是分阶段的，不同的阶段有不同的要求，对于阶段性义务的履行，要注意双方对阶段性成果确认资料的收集，如阶段性验收报告、结算报告、支付票据、会议纪要等。对成果的交付和确认，是合

同履行完毕的标志。对于债务人来说，要按照合同的约定交付成果，这时要注意交付成果的方式、期限、地点以及形式等，并督促债权人履行受领义务和协助义务，要做好有关内容、资料的记录和收集；对于债权人来说，要按照约定对成果予以确认和受领，并支付相应的价款或报酬，如果债权人怠于履行受领或协助义务，债务人可以以成果的实际交付使用作为合同履行完成的依据，从而对抗债权人。

双方违约及其违约责任承担

【本文要旨】

在违约情形中，双方违约的情况屡有发生，但这一问题不仅在实务领域缺乏明确规定，而且在理论上亦是意见纷呈。《民法通则》第113条规定："当事人双方都违反合同的，应当分别承担各自应负的民事责任。"《合同法》第120条规定："当事人双方都违反合同的，应当各自承担相应的责任。"此为双方违约的法律依据。由此可知，我国现行法律制度中，双方违约制度是存在的，但是除《民法通则》第113条与《合同法》第120条之外，再无其他明确的法律规定。由于理论及实务中的分歧，双方违约的认定及责任的承担常存在滥用、误用，而导致这一制度被当事人认为是法官或仲裁员"和稀泥"的工具，最终妨碍并伤害司法的客观性、公正性，不利于"努力让人民群众在每一个司法案件中感受到公平正义"司法改革目标的实现。

【案情简介】

A公司委托B公司承担某项目的详细工程设计，双方于2013年8月签订"建设工程设计合同"，合同约定设计费2000余万元，付款方式为15%预付款+85%进度款。合同履行过程中，A公司向B公司发函，告知解除双方合同，要求办理结算事宜。但双方无法就结算数额达成一致，B公司向北京仲裁委员会申请仲裁，A公司提出反请求。双方均请求对方支付违约损失赔偿。其中A公司认为B公司提供的设计文件存在质量问题，迟延履行合同义务，延误工程进度，给A公司造成经济损失；而B公司则认为A公司在合同履行过程中迟延支付进度款，请求B公司支付迟延付款利息损失。本案合同约定的设计期限为8个月，逾期近15个月都未能完成设计，存在严重的设计迟延，双方对设计迟延责任产生重大争议。

仲裁庭认为，A公司及B公司的合同履行行为对设计合同的延期均产生影响，并非单方原因所致。A公司存在质量问题、设计人员减少问题，B公司存在延期付款、设计变更、迟延批复问题。

【审理结果】

在设计迟延问题上，A公司和B公司均有责任，因设计迟延产生的损失应由双方各自承担。

【理论探讨】

一、双方违约的概念及构成要件

我国立法和司法解释上并没有对双方违约进行明确的定义，理论及实务中存在不同的理解。笔者认为所谓双方违约，是指合同双方当事人分别违背各自应负的合同义务，主要适用于双务合同中不能行使同时履行抗辩权、不安抗辩权或者错误行使抗辩权的情况。

（一）构成要件

根据我国《合同法》及《民法通则》对双方违约的规定，其构成要件应包括以下几个方面：

（1）主要以双务合同为适用范围。单务合同即只有一方当事人承担合同义务，不会出现双方违约的情形。

（2）以合同义务的履行期限已届满为前提。在合同关系中，构成双方违约，必须是双方履行的义务都到了履行期限。如果合同规定一方当事人应先为履行义务，该方当事人违反此项义务，而另一方当事人义务尚不到履行期限，后者显然不存在违反合同的问题，自然也不能构成双方违约。

（3）以双方当事人分别违背合同义务为特征。即当事人双方都未履行合同义务或者履行的合同义务都不符合约定。违约的发生须有当事人对约定的合同义务的违反，合同义务可以是基于当事人的约定而产生的，也可以是基于法律的规定而产生的。

（4）合同任何一方都没有不履行合同义务的法律依据。我国《民法通则》第107条和《合同法》第117条分别规定了合同一方因受不可抗力免除违约责任的法定条款。如果出现以上规定的法定事由，一方当事人即使不履行合同，也不构成双方违约。

（二）双方违约的情形

实践中常见的双方违约的情形包括以下几种：

（1）在双方所负义务无牵连性与对价性的情况下构成的双方违约，即双方互负的合同义务是彼此独立的，其各自违反这些相互独立的、无对价性的合同义务不产生履行抗辩权的问题，只能用双方违约来解决。

（2）双方当事人都按约履行了合同义务，但所履行的合同义务都不符合合同要求时产生的双方违约。例如，甲方按照合同约定向乙方发货，乙方也支付了相应的款项，但甲方所发的货物质量并不符合合同约定，乙方的付款方式也与合同约定不符。

（3）履行抗辩权消灭的情况下，当事人仍不履行义务产生的双方违约。履行抗辩权属于延期的抗辩权，只是暂时阻却对方当事人请求权的行使，并不产生消灭合同的法律效果。当抗辩权因违约方的履行或提供担保而消灭时，当事人仍应当履行自己的义务，否则构成违约，从而产生双方违约。

二、双方违约的制度意义及现实中存在的问题

探讨双方违约制度的意义及适用，不得不提及与这一制度极为类似的过失相抵制度。过失相抵，又称与有过失、混合过错，最早主要运用于侵权法领域，近现代大陆法系国家的民法才将过失相抵扩展到合同法领域。过失相抵的法律依据应为我国《民法通则》第131条之规定。"在与有过失场合，通常仅发生一个损害，唯对其发生，被害人与有过失或者与有原因。"[1]与有过失的构成要求有二：其一，受害人或赔偿权利人须有过失；其二，赔偿权利人的行为须助成损害的发生或扩大。

关于《民法通则》第113条，一种观点主张该条乃是对混合过错（过失相抵，又称与有过失）所做的规定。[2]另一种观点则认为是对双方违约所做的规定。[3]同理，《合同法》第120条与《民法通则》第113条的规定基本相同，也

---

[1] 韩世远：《合同法总论》，法律出版社2008年第2版，第574页。

[2] 崔建远：《合同责任研究》，吉林大学出版社1992年版，第216页。

[3] 苏惠祥主编：《中国当代合同法论》，吉林大学出版社1992年版，第309页；王利明："论双务合同中同时履行抗辩权"，见梁慧星主编：《民商法论丛（第3卷）》，法律出版社1995年版，第26页。

同样存在上述不同观点。

按照文义解释之方法，笔者认为，上述两条法律规定均为针对双方违约作出的。另外，根据相关立法解释，《合同法》第120条是直接针对双方违约所做的规定。❶

在实务工作中，笔者发现双方违约情形大量存在，现行合同法中已有明确法律依据，在以严格责任为一般归责原则的情况下，双方违约制度具有独立和重要的法律价值。

第一，我国《合同法》第107条将严格责任作为违约责任的一般归责原则，在归责原则上一改大陆法系传统上的过错责任原则。在以往的过错责任原则下，因受害人的原因导致损害的，大都可用过失相抵规则来解决。但在严格责任条件下，过失相抵与该归责原则在体系上不协调，双方违约更具有存在的合理性。

第二，在严格责任原则下，一方当事人只需证明对方未履行合同义务的事实，"这里的逻辑是，只要违约就应当承担违约责任，责任的构成仅以不履行为要件，被告对于不履行是否有过错，与责任无关"❷。严格责任的归责原则，使得违约责任构成相对简单，相对于较多考虑主观因素的过失相抵制度，双方违约制度更具有客观性，更易并

---

❶ 胡康生：《中华人民共和国合同法释义》，法律出版社2013年第3版，第212～213页。

❷ 梁慧星："从过错责任到严格责任"，见梁慧星主编：《民商法论丛（第8卷）》，法律出版社1997年版，第5页。

更应在司法实践加强应用。

第三，设计双方违约制度在于正确认定双方违约的事实，明确双方各自所负的责任，以真正体现合同法所倡导的公平原则，切实维护当事人合法权益。

正确分析和处理双方违约，对当事人的责任划分和承担具有重要作用。

然而，遗憾的是立法者的立法意图并未得到很好的理解和贯彻，我国现实的司法实践中，确实存在滥用误用双方违约的现象。一定程度上，这一制度变为法官或仲裁员强令当事人接受"和稀泥式"、糊里糊涂式判决或调解的工具，导致许多不公平、不公正的裁判。例如将单方违约按双方违约规则进行处理，将当事人一方正当行使同时履行抗辩权、不安抗辩权的行为，也视为违约行为，不适当地扩大了双方违约的范畴等。

因此，笔者认为应进一步加强该规则适用范围、适用条件等方面的理论研究，并以此指导实践运用，使当事人各自的责任能真正得到合理分摊，尤其有必要将双方违约与同时履行抗辩权和不安抗辩权的行使加以区别。

三、双方违约制度的适用范围

前文中，笔者已对双方违约构成要件进行分析，但其适用范围应进一步厘清，尤其是双方违约制度和履行抗辩权制度之间往往存在混淆，本文将对二者进行详细分析和区别。

　　双务合同履行中的抗辩权是在符合法定的条件时，当事人一方对抗对方当事人的履行请求权，暂时拒绝履行自己债务的权利。我国合同法中虽然没有直接使用"抗辩权"的概念，❶但是规定了双务合同履行中抗辩权的实质内容，包括同时履行抗辩权、先履行抗辩权和不安抗辩权。《合同法》第66条确立了同时履行抗辩制度，即"当事人互负债务，没有先后履行顺序的，应当同时履行。一方在对方履行之前有权拒绝其履行要求。一方在对方履行债务不符合约定时，有权拒绝其相应的履行要求"；第67条确立了先履行抗辩权制度，即"当事人互负债务，有先后履行顺序，先履行一方未履行的，后履行一方有权拒绝其履行要求。先履行一方履行债务不符合约定的，后履行一方有权拒绝其相应的履行要求"；第68条确立了不安抗辩权制度，即"应当先履行债务的当事人，有确切证据证明对方有下列情形之一的，可以中止履行：（一）经营状况严重恶化；（二）转移财产、抽逃资金，以逃避债务；（三）丧失商业信誉；（四）有丧失或者可能丧失履行债务能力的其他情形。当事人没有确切证据中止履行的，应当承担违约责任"。由此可见，一方当事人未履行合同债

---

　　❶　《担保法》第20条第2款指出，抗辩权是指债权人行使债权时，债务人根据法定事由，对抗债权人行使请求权的权利。

务后，另一方当事人拒绝履行其相应的合同义务乃是正确行使抗辩权的合法行为，而双方违约是指双方当事人均违反了合同义务，此两种制度的法律效果完全不同。

合同法上的履行抗辩权制度，阻却了双方违约的成立，应排除在双方违约制度的适用范围之外。对履行抗辩权分别分析如下。

1. 双方违约与同时履行抗辩权

根据合同法规定，同时履行抗辩权的产生应具备以下条件：（1）双方当事人的债务是根据同一合同关系产生的，且互为对价给付。如果不是同一双务合同所产生的两项债务，或者两项债务间无对价关系，也不能产生同时履行抗辩权。（2）当事人互负的债务没有先后履行顺序。当事人只有在无法定或无约定的先行给付义务时，才能行使同时履行抗辩权。在有法定先行给付义务或有约定先行给付义务时，有先为给付义务的当事人不得以他方未为对待给付为由拒绝履行债务。（3）须双方当事人未履行债务或者未提出履行债务。如果双方已经履行或者提出履行债务则不发生同时履行抗辩的问题，此外，如果对方所负债务已丧失履行的可能性，则同时履行的目的已不可能实现，也不发生同时履行抗辩的问题。（4）须双方债务已届清偿期。如果其中一方当事人有先履行其给付的义务，而对方债务尚未到期，有先给付义务的一方当事人仍无主张同时履行抗辩权的权利。

2. 双方违约与先履行抗辩权

根据合同法规定，先履行抗辩权的适用条件包括三点：（1）须由同一双务合同互负债务。（2）须双方互负的债务有先后顺序，且后履行一方的债务已届清偿期。（3）须先履行一方未履行或履行不适当。另外，先履行抗辩权包括两种情形：（1）先履行方完全未履行自己的债务时，先履行抗辩权的范围涵盖后履行一方的全部给付义务；（2）先履行一方已作了履行，但履行不适当的，后履行方应根据对方不适当履行的具体情况行使先履行抗辩权。如果不适当履行能满足后履行一方的部分利益的，后履行一方可对未获得满足的部分拒绝对方相应的履行要求，但是，如果不适当履行使后履行一方的利益完全无法实现的，后履行方有权全部拒绝对方的履行要求。综上，当双务合同当事人履行义务在时间上先后有序且先履行方未履行合同时，后履行义务方不履行义务往往不构成违约，先履行抗辩权的行使不构成双方违约。

3. 双方违约与不安抗辩权

我国《合同法》第68条规定了不安抗辩权制度。具体而言，不安抗辩权的成立需具备以下要件：（1）双方当事人因同一双务合同而互负债务；（2）合同约定的给付义务有先后顺序之分，负有先履行义务的一方当事人才能享有不安抗辩权；（3）后履行义务一方财产状况严重恶化，有难为给付的现实危险。对于先履行义务人可行使不安抗辩权的具体情形，合同法将其归纳为四种：一是经营状况严重恶化；二是转移财产、抽逃资金，以逃避债务；三是丧失商业信誉；四是有丧失或者可能丧失履行债务能力的其他情形。（4）后履行义务人未提供担保。若后履行义务人履行能力虽明显下降，但提供了适当担保，先履行义务人的债权不会受到损害，故不得行使不安抗辩权。不安抗辩权是当事人的法定权利，先履行义务人基于不安抗辩权中止履行，并非违约行为，不应承担违约责任。因此，在不安抗辩权的构成要件成就时，虽在外在表现上，可能出现当事人双方都没有履行合同义务的情形，但由于先履行义务方为正当行使权利，排除了违约责任，显然不属于双方违约。

当然，在实践中，许多经济合同可能存在较为复杂的交易模式，也可能由于合同履行期限漫长，难免发生双方违约情形，即使如此，在认定双方违约的事实时，仍应将一方合理行使履行抗辩权的合法行为排除在双方违约认定之外，以免扩大双方违约的范围，防止造成各方违约责任划分的不清。

另外，需要特别注意的是，履行抗辩权属于延期的抗辩权，履行抗辩权消灭后当事人仍不履行合同义务，或者当事人履行抗辩权行使不当，容易转化为双方违约，从而产生双方违约问题。

四、双方违约情形下违约责任的承担

违约责任是指合同当事人因违反合同约定的义务而应承担的法律后果。我国《合同法》第107条及《民法通则》第111条规定的承担违约责任方式包括：继续履行方式、采取补救措施方式、赔偿损失方式、支付违约金方式（包括定金责任）等。笔者认为，在双方违约情形下，应结合双方当事人的诉讼请求，结合各类违约责任方式特征、适用条件，具体问题具体分析，合理确定双方违约责任的承担方式。

1.继续履行方式

继续履行是指一方违反合同义务时，另一方有权要求其根据合同规定继续履行合同义务。继续履行强调的是对未履行的合同义务的继续履行，但并非所有情况都适用，适用条件包括以下几方面：（1）债权人在合理期限内提出继续履行的请求。（2）要求履行的合同义务在法律上能够履行或者适于履行。如果作为合同标的物的特定物已经灭失，债权人不可以要求继续履行。对于一些基于人身依赖关系而产生的合同，如委托合同等，具有严格的人身性，不宜采取继续履行的承担方式。（3）违约方有继续履行的能力，并且继续履行在经济上合理可行。如果违约方没有能力履约，继续履行就不能实现。另外，继续履行应当符合公平和效益原则。因此，笔者认为在双方违约情形下，满足继续履行前述适用条件的，应将继续履行作为违约责任方式的一种主要救济措施。

2. 采取补救措施方式

采取补救措施，是指在合同的履行中出现了质量问题的情况下，债务人为了减少合同因质量不符合约定的要求导致的损失，以采取必要的措施为恢复合同的全面履行创造条件，为对方实现合同权利而完成必要的工作。我国《合同法》第111条规定了"修理、更换、重做、退货、减少价款或报酬"等违约责任。笔者认为，修理、更换、重做应为采取补救措施的主要表现形式。虽然有人认为修理、更换、重做不应是独立的一种违约责任承担方式，应视为继续履行的表现形式，归入合同的履行则更为合适，但是对于质量问题造成的违约责任承担来讲，仍具有其实践价值。在双方违约情形下，如可采取补救措施，适用采取补救措施的违约责任承担方式，不仅有利于合同继续履行，而且有利于实现维护交易的合同目的。

3. 赔偿损失方式

赔偿损失是民事责任中最为常见的一种责任方式。合同法上的赔偿损失，指合同当事人不履行合同义务或者履行合同义务不符合合同约定，依照法律规定或合同约定赔偿对方因违约所受到的损失的责任形式。法定的赔偿损失的构成要件：（1）必须有违约行为导致债权人遭受损失。（2）违约行为与损失之间必须存在因果关系。当事人一方的违约行为是造成债权人损失的原因，债权人的损失是违约行为的后果，即这种因果关系强调违约行为与损失之间存在内在的、必然的联系。

双方违约中确定各自赔偿损失的范围，是解决损害赔偿的关键。确定赔偿损失的范围的原则和方法主要有如下两种。（1）《民法通则》第112条规定的"当事人一方违反合同的赔偿责任，应当相当于另一方因此所受到的损失"。这就是完全赔偿原则，该原则可以全面、充分地保护受害人的利益。（2）根据我国《合同法》第113条规定，对于不履行债务的损害赔偿，包括实际损失和预期利益等履行利益的损失。实际损失是指现实财产的减少，预期利益是缔约时可以预见到的履行利益。

双方违约中确定各自赔偿损失的范围，是公平公正划分合同双方各自承担相应责任的前提。为防止责任划分不清，对于各方当事人所遭受的损失，更应严格考察违约行为与损失之间的因果关系。

另外，预期利益判断具有很强的主观性，即使在单方违约的法律适用上仍是难点问题。在双方违约中预期利益的适用更为复杂，不宜支持一方当事人的预期利益损失，而不支持另外一方当事人的预期利益损失，或支持双方当事人的预期利益损失存在较大差异或说理不清，因此，笔者认为在双方违约情形下，适用赔偿损失的违约责任方式时应严格限制预期利益损失的认定。

4. 支付违约金方式

违约金是指由当事人约定的或法律直接规定的，在一方违约后向对方支付的一定数额的货币或代表一定价值的财物。我国《合同法》第114条第1款规定了违约金的承担方式。

违约金常见的分类有两种，从性质上分为赔偿性违约金和惩罚性违约金。但笔者认为，违约金的惩罚性有悖于民法与合同法的公平原则和补偿性原则。在合同的实际履行中，如约定的违约金过分低于或高于实际损失，根据合同法的规定，当事人可请求法院或仲裁机构予以增加或适当减少。

根据《合同法》第115条的规定，定金也是合同违约责任的一种承担方式。如果在同一合同中，当事人既约定违约金又约定定金时，对方可以选择适用违约金或者定金条款，定金与违约金二者只能选其一。

在双方违约情形下，根据合同约定和法律规定，分别计算当事人双方各自应承担的违约金，这是《合同法》及《民法通则》规定的"分别承担各自应负民事责任"的应有之义，能够清晰划分当事人责任，真正体现合同法所倡导的公平原则。同时，这并不排除法官行使违约金调整的自由裁量权，如出现约定的违约金过分低于或高于实际损失情形的，当事人可以请求法院或仲裁机构予以增减。

综上，在双方违约情形下，应结合当事人的诉请，具体问题具体分析，合理确定双方违约责任的承担方式。对于满足继续履行、采取补救措施适用条件的，应将继续履行、采取补救措施作为双方违约责任的主要责任承担方式。除继续履行、采取补救措施之外，还应根据合同约定和法律规定，分别计算当事人双方各自应承担的违约金，清晰划分当事人责任；判断及分析违约行为与损失之间的因果关系，严格限制预期利益，合理确定当事人双方各自损失赔偿的责任范围。

【实务评析】

在经济迅速发展和人们法治意识逐渐强化的今天，合同成为人们日常生活中不可缺少的重要部分，而因主客观因素的影响，往往会因双方违约导致合同不能履行或不能完全履行的情形。这就要求人们从实务中加强对双方违约的认识，采取有效措施减少双方违约发生的情形及其造成的损失。

一、合理评估各方履约能力及客观条件，确保合同的可行性

合同正常履行的前提是双方当事人具备相应的履约能

力且合同履行的客观条件已经具备或者可以创造。这就要求在签订合同的过程中，当事人认真调查、严格核查、多加沟通、深入了解、准确评估合同履行的主客观要素，严把合同签订关，防止因合同相对主体能力缺陷给合同履行带来延误和损失。

二、及时行使法律规定的履行抗辩权，减少双方违约情形的发生

严格按照合同约定，保持时刻警醒，一旦发现相对方存在违约的情形时，则可以选择暂时中止履行合同，促使相对方在确定的期限内尽快采取补救措施，以保证在自身不发生违约的情况下，确保合同的继续履行。当相对方在确定期限内无法采取相应措施补救的情况下，可以主动行使合同解除权，在避免损失继续扩大的同时，可以向对方主张违约责任，以最大限度降低自己的损失、保障自己的合法权益。

三、正确选择责任承担方式，防控风险、减少损失

因合同的类型、内容、性质等各不相同，在发生违约时，责任的承担方式也不同，而且也会存在多种不同的责任承担方式，但不同的方式所达到的效果会存在差异，那么，在双方违约情形发生时，当事人就要综合考虑合同履行的主客观条件、合同的目的、损失的多少等因素，选择恰当的责任承担方式。当相对方继续履行能力较强且继续

履行能最大限度保证合同目的的实现的情况下，我们要积极配合相对方创造条件，相互协调、共同努力，促使合同能更好地履行；在标的已经灭失或不可替代时，我们就要选择及时解除合同，采取协商或诉讼的手段，积极主张对方承担违约责任，以最大限度避免损失的扩大。

违约可得利益的赔偿规则

【本文要旨】

合同法的功能在于确保合同义务的履行，救济守约方遭受的损失，促进交易的顺利完成。研究违约责任可得利益（预期利益）损失的赔偿，旨在救济守约方的可得利益损失，使其缔约目的得以实现。若违约可得利益损失难以获得救济，市场主体对交易相对人的信赖无法得到保障，合同法保护可得利益的目的不能实现，市场经济就会瘫痪、崩溃。分析违约可得利益损失的本质，能使人们树立一种正确的观念，即该损失是实际损失，从而有助于消除司法者对可得利益损失的偏见。建立违约行为与可得利益损失之间的内在联系，能使违约可得利益损失的赔偿有理有据。

【案情简介】

2010年3月11日，甲公司与乙公司签订租赁合同，约定乙公司将其开发的位于河南焦作某地商务中心7层商铺租赁于甲公司，经营电影放映、小卖部及电影衍生品销售、部分餐饮和电玩等辅助经营业务。甲公司在签署合同之日起10个工作日内向乙公司缴纳100万元作为保证金。乙公司最迟不得晚于2010年7月1日向甲公司交付该商铺。租赁期限为自该商铺交付之日起180个月。同时，双方还约定了违约责任，"非因甲公司或不可抗力原因，乙公司未按合同规定的期限交付该商铺，每逾期1日，应按当日基本租金（当年月基本租金除以30）向甲公司支付违约金；逾期超过60日，则就逾期60日的期限部分，乙公司应按当年日基本租金的10倍按日向甲公司支付违约金"。合同生效后，甲公司于2010年3月24日向乙公司支付了保证金100万元。乙公司未按照合同约定向甲公司交付租赁物，经甲公司多次催告无果，遂甲公司诉至法院。要求与乙公司解除租赁合同；并退还100万元的保证金，支付900万元的违约金。

【审理结果】

本案的焦点在于对于乙公司违约应向甲公司承担的违约金的数额。本案经历一审、二审两级人民法院的审理。其中一审法院对于乙方的违约责任判令为按照中国人民银行规定的同期同类逾期贷款罚息利率计收利息，再加收利息总额的30%计付，即从2010年7月2日至2012年6月26日，按照同期银行贷款基准利率计算，计款为125 347元。本案二审法院则根据甲公司提出的预期利益损失的评估报告，以及甲公司的实际损失，判令乙公司支付甲公司280万元的违约金。

【理论探讨】

一、违约可得利益损失的立法严格及法律支撑

合同可得利益指在合同履行后，依事物通常发展之规律，或依特殊情况，特别是有一定准备条件时，债权人利用该履行之结果进行转售、生产、经营等可以获得的预计利润。1987年10月19日之前，相关立法对违约应否赔偿可得利益损失措辞含糊，此后，有关法律及规定明确指出违约损害赔偿包括可得利益损失，并强调可得利益指利润。

1981年12月13日通过的《中华人民共和国经济合同法》第35条规定："当事人一方违反经济合同时，应向对方支付违约金。如果由于违约已给对方造成的损失超过违约金的，还应进行赔偿，补偿违约金不足的部分。对方要求继续履行合同的，应继续履行。"1985年3月21日通过的《中华人民共和国涉外经济合同法》第18条规定，当事人一方不履行合同或者履行合同义务不符合条件，即违反合同的，另一方有权要求赔偿损失或者采取其他合理补救措施。采取其他补救措施后，尚不能完全弥补另一方受到的损失的，另一方仍有权要求赔偿损失。该法第19条规定，当事人一方违反合同的赔偿责任，应当相当于另一方因此所受到的损失，但是不得超过违反合同一方订立合同时应

当预见到的因违反合同可能造成的损失。1986年4月12日通过的《中华人民共和国民法通则》第111条规定，当事人一方不履行合同义务或者履行合同义务不符合约定条件的，另一方有权要求履行或者采取补救措施，并有权要求赔偿损失。该法第112条第1款规定，当事人一方违反合同的赔偿责任，应当相当于另一方因此所受到的损失。1987年6月23日通过的《中华人民共和国技术合同法》第17条第1款规定，当事人一方不履行技术合同或者履行合同义务不符合约定条件，即违反合同的，另一方有权要求履行或者采取补救措施，并有权要求赔偿损失。该条第2款规定，当事人一方违反合同的赔偿责任，应当相当于另一方因此所受到的损失，但是不得超过违反合同的一方订立合同时应当预见的损失。综上可知，这些法律对违约应否赔偿可得利益损失的规定极为笼统。

直至1999年3月15日通过的《中华人民共和国合同法》第113条第1款规定："当事人一方不履行合同义务或者履行合同义务不符合约定，给对方造成损失的，损失赔偿额相当于因违约所造成的损失，包括合同履行后可以获得的利益，但不得超过违反合同一方订立合同时预见到或者应当预见到的因违反合同可能造成的损失。"2009年7月7日最高人民法院发布的《关于当前形式下审理民商事合同纠纷案件若干问题的指导意见》（以下简称《指导意见》）的第三项内容规定："根据交易的性质、合同的目的等因素，可得利益损失主要分为生产利润损失、经营利润损失和转售利润损失等类型。2012年3月31日最高人民法院通过《关于审理买卖合同纠纷案件适用法律问题的解释》，该解释第29条规定："买卖合同当事人一方违约造成对方损失，对方主张赔偿可得利益损失的，人民法院应当根据当事人的主张，依据《合同法》第一百一十三条、第一百一十九条、本解释第三十条、第三十一条等规定进行认定。"

由此可见，随着市场经济的深入发展，立法对违约损害赔偿范围的规定也日益明确。

二、可得利益与相关概念的关系

（1）可得利益损失与间接损失的关系。传统上可得利益损失即为间接损失。我国学术界习惯以直接损失和间接损失来指代所受损失与所失利益。但由于间接损失与直接损失的划分标准本身尚存异议，依照以介入因素为标准的观点看二者并非同一，存在交叉。其实该划分属"事后诸葛"，毫无价值。由于民众已经先验性地将"直接"和"间接"字眼与介入因素等同，因此，这种分类不宜再使用。认为可得利益损失与间接损失并非同一概念的学者，其标准是法律上的因果关系。这种学说默认性地将间接损失与介入因素进行捆绑，以因果关系可能中断为由，认为违约可得利益损失在客观上有可能不可归责于违约方，因此二者存在交叉，是不同划分标准下的产物。

等同者则以"哲学上因果关系"损害的标的不同为标准，认为如果违约行为直接造成合同标的物的损害，则为直接损害；如果违约行为造成标的物损害以外的其他损害，则为间接损害。而合同可得利益正是利用合同履行后的标的物进行生产经营的利润。但在最终责任构成上，等同者仍须考虑法律上的因果关系，因此，两种学说殊途同归。况且前提不一致的讨论谁也不能批判对方。综上，直接损失与间接损失的划分不宜再使用。

（2）可得利益与期待利益、履行利益之间的关系。学理上将可得利益与期待利益、履行利益混淆在于：第一，望文生义；第二，《合同法》第113条第1款"包括合同履行后可以获得的利益"表述不清。可得利益仅是期待利益的一部分。期待利益是指当事人在订立合同时期望从此交易中获得的各种利益和好处。

期待利益的内容主要包括如下几个方面：第一，获得履行利益，即当事人在订立合同时对允诺所作出的最基本期待；第二，利润损失，即一方当事人在取得对方交付的财产的基础上，运用该财产从事生产经营活动所获得的收益；第三，附带损失。可得利益仅限于未来可以得到的利益，不包括履行本身所获得的利益，即主要是指利润而不包括交付货物和支付货款本身。履行利益与可得利益也不同。履行利益是债务人依据合同约定应当向债权人所作的合同标的的交付本身，赔偿履行利益，实际上是要使义务人完成合同约定的义务。履行利益与可得利益以及附带损失共同构成期待利益。

三、司法实践中常见的违约可得利益损失计算方法

（1）约定法。约定法指合同双方事先以违约金的形式对可得利益的损失额进行固定，或者就如何计算可得利益达成协议。约定法具有"意思自治""高效便捷""可预见性强""减轻诉累"等优点，因此学术界对它赞不绝口。然而，也正是这些优点使得约定法成了学者眼中"无须管教的好孩子"。不幸的是，这种计算方法并没有像学者想象的那样发挥着积极的作用。现实中，约定法的使用率很低，其优势的发挥也无从谈起。约定法是充满不确定性的可得利益的"天敌"。因为不确定性强的可得利益往往伴有举证困难、计算烦琐、合理期限弹性大、法官自由裁量空间广等诉讼风险，而约定法恰好能使得可得利益的计算避免这些风险。约定法使用率低的原因主要为市场主体使用约定法的意识淡薄；碍于情面，市场主体不愿意进行约定；为保护商业秘密，双方很少对可得利益损失进行约定。

《民法通则》第112条第2款规定，当事人可以在合同中约定，一方违反合同时，向另一方支付一定数额的违约金；也可以在合同中约定对于违反合同而产生的损失赔偿额的计算方法。《合同法》第114条第1款继受了前款规定，当事人可以约定一方违约时应当根据违约情况向对方

支付一定数额的违约金，也可以约定因违约产生的损失赔偿额的计算方法。比较后发现，两个条文均未采用《合同法》第113条第1款的模式——凸显可得利益的重要性，而只是在抽象层面上规定损害赔偿可以事先约定，因此缺乏提示性。故建议《合同法》第114条应修改为"当事人可以约定一方违约时应当根据违约情况向对方支付一定数额的违约金，也可以约定因违约产生的损失赔偿额的计算方法"。上述约定也可针对合同履行后可以获得的利益。

（2）类比法。类比法是法院借助原告既往的以及在其他场合的收益状况或其同行的收益状况来计算本次可得利益损失的方法。由上可知，类比法需要借助并非本案的事实来认定该案的可得利益损失，但可得利益是合同履行后可以获得的利益，现有的状况是合同因违约而未被履行。由于将来的、未发生的"事实"是无法证明的，可得利益能否获得以及大小几何遂成了不能探知的"谜"。因此，所谓的关于可得利益的"证明"活动其实是个模拟的过程，即假设合同已被履行，情况会是如何。而在这个过程中，类比是"证明"可得利益大小的唯一手段。《最高人民法院关于审理商品房买卖合同纠纷案件适用法律若干问题的解释》第17条第3款规定，逾期交付使用房屋的，按照逾期交付使用房屋期间有关主管部门公布或者有资格的房地产评估机构评定的同地段同类房屋的租金标准确定。上述规定即能看出是类比法的一种立法评定。在司法实践中，法院要求类比的对象的数值应当具有相当的精准性，如经过专业的审计，否则将不予采纳。

（3）自由裁量法。当可得利益损失存在，但具体数额无法或难以确定时，法院应当根据具体情况予以裁量。然而，实践中法官对此常常持消极、回避、过于谨慎的态度。尽管2009年7月7日最高人民法院在《指导意见》中规定："对于可以预见的损失，既可以由非违约方举证，也可以由人民法院根据具体情况予以裁量。"但在实践中该条文的适用率几乎为零。之所以让违约方承担酌定的风险，是因为该风险是由其引起的。违约不仅会给守约方造成可得利益损失，还会让其陷入证明活动的"泥潭"，因为将来的"事实"具有不确定性。在司法实践中，很多情况下可得利益损失是存在的，但是数额无法确定或证明，法院会以消极或者过于保守的态度回避裁量，以"谁主张，谁举证"的规则判决驳回守约方的诉讼请求。如此一来，守约方承担了应由违约方承担的证明责任。产生这一现象的原因有两个：第一，客观真实标准是法官认定可得利益数额时的心理障碍。尽管从理论上讲民事诉讼的证明标准是高度盖然，但在实务中采用的则是排除合理怀疑。故原本唯一可供参考的依据往往会被排除，在无酌定依据时法官通常不会裁量。第二，法律未明确规定自由裁量权。《指导意见》并非司法解释，从数据上也可看出该条款并未有效落实。既无明确的条文支撑，法官便会在徘徊时作出"谨慎"的选择。但实践中法院并非没有意识到这一问题，然而消极裁量权的另一端是不合理裁量。由于没有酌定因素以及程序性公开规则的限制，自由裁量权容易被滥用。因此，法院的酌定依据应有标的物的市价、守约方既往或者其他场合的收益情况、合同已经部分履行的情况、同行的实际经营情况等。明确酌定依据既能指导裁量也能抑制不合理裁量，从而有效地防止自由裁量权的滥用。另外，为抑制法官可能的不合理认定，需设立"心证程序性公开"制度。心证有广义与狭义之分。狭义的心证公开又称"心证事后性公开"，即以判决书形式将案件事实的最终确信度公示；广义的心证还包括事实认定过程中"暂定的心证"，对此类暂时性看法的适时公示，理论上称"心证程序性公开"。心证程序性公开是主观认定活动和客观认定活动的互动，法官应将其现有的酌定数额大小的要素与理由充分公示，使当事人在某种程度上参与心证形成的过程，缓和辩论主义的僵化。在酌定可得利益损失大小时，这种制度具有外部监督功能，但需下述制度配合：法官应如实记录暂时性心证的公开和当事人回应的情况，否则判决应予撤销。

违约金酌减的司法分析

【本文要旨】

合同应为双方当事人意思自治的一致表示。私法自治的理念要求尊重当事人的意思表示，当然其中也应包含违约金的约定。违约金的预订特征决定了债务人保护的必要性，因此，违约金的司法酌减则要求基于平衡自治和公平的基础之上。在我国司法上违约金的酌减启动以当事人的申请为必要，以实际损失作为综合衡量的基础。应理解为违约金损失包括预期利益，这有助于重视当事人约定违约金的具体意图。考量合同履行的实际情况及当事人的过错程度，有益于对部分履行的酌减问题作出一体的规制。公平和诚信原则有助于兼顾个案中有评价意义的其他客观情况。法庭辩论终结前的其他相关因素也均应予以考量。当然就违约金酌减与否及酌减程度，当事人应承担举证责任。

【案情简介】

2013年12月18日，甲公司与曹某签订"××公寓租赁合同"，约定甲公司向曹某承租位于北京市通州区房屋一栋。合同约定，若甲公司赔偿曹某租赁期限内剩余租金的30%，甲公司可随时提前终止合同。合同附件1注明双方租赁物的范围及房屋平面示意图。合同附件2载明房屋的租赁期限为10年。合同附件6约定上述房屋的年租金为320万元，每届满3年，下一年度的租金以前一年度的租金为计算基数递增5%，租赁期限为10年，自2014年2月25日起至2024年2月24日，其中前3个月为免租期。曹某应于免租期内完成以甲公司名义申报的消防验收合格及协助甲公司办理营业执照等开业手续办理，如曹某未能在免租期内完成消防验收手续，则免租期延续至消防验收手续办理完毕之日。如曹某自免租期届满之日起仍未能办理完成，则甲公司有权解除合同。曹某应双倍返还甲公司的定金。2013年12月23日，甲公司向曹某支付定金50万元。2014年1月16日，曹某为租赁的房屋办理完毕"公众聚集场所投入使用、营业前消防安全检查合格证"。2014年1月24日，双方签订补充协议，将免租期的截止日期变更为2014年3月24日，租赁期限的截止日期变更为2024年3月24日。2014年3月21日，甲公司向曹某发出催告函，要求曹某在合同约定的免租期内完成消防验收合格手续。2014年4月30日，甲公司向曹某发出解除合同通知函，甲公司以曹某未及时办理消防验收合格手续为由，与曹某当日起解除租赁合同，并要求曹某双倍返还定金100万元。随后，甲公司将曹某诉至法院，要求与其解除房屋租赁合同，并要求曹某返还100万元定金。但是在本案的诉讼过程中，曹某以甲公司无故与其解除租赁合同为由提起反诉，要求甲方公司按照合同的约定，赔偿其提前解除租赁合同的违约金1019.052万元。

【审理结果】

本案历经北京市通州区人民法院一审和北京市第三中级人民法院二审的两次审理。针对甲公司的合同解除理由是否成立，及曹某与甲公司解除合同的违约责任认定与违约金的赔偿数额进行了司法审判。甲公司以未办理合格的消防验收手续为由解除房租租赁合同未得到两审法院的支持。对于甲公司解除房屋租赁合同违约金，两审法院均认为原合同约定的过高，给出支持的数额却不一致。一审法院判令甲公司向曹某支付解除租赁合同违约金509.526万元，即曹某诉讼请求的50%。二审法院判令甲公司向曹某支付解除租赁合同违约金352万元，即曹某诉讼请求的35%。

【理论探讨】

一、我国违约金司法酌减的演变及理论基础

自13世纪的教会法由主教霍斯滕西斯（Hostensis）首次提出违约金可由法官予以减少的思想以来，违约金司

法酌减的规则经历了数百年的演变。我国1999年的《合同法》第114条确立了统一的司法酌减规则。最高人民法院经由《关于审理商品房买卖合同纠纷案件适用法律若干问题的解释》等一系列的探索，于2009年以《关于当前形势下审理民商合同纠纷案件若干问题的指导意见》第27条和《关于适用〈中华人民共和国合同法〉若干问题的解释（二）》（以下简称《合同法解释（二）》）第29条细化了司法酌减的适用要旨。

约定违约金，可以促使合同双方依约履行，当事人可以预先安排合同履行障碍后果的保障。如果说缔结合同是一枚硬币的正面，那么，违约金的私法自治则是这枚硬币的另一面。人类的有限理性注定其无法精确地规划未来的事物，债务人在缔约时面对的是非现实的给付负担。违约金的预订特征本身既含有导致不公平结果的基因，也提出了与尊重自治相反的价值诉求，即为了保护债务人，违约金要有所限制。司法酌减规则即是以债务人保护为法的出发点，在肯定意思自治的基础上，兼顾实质的公平和个案正义。司法酌减规则的适用蕴含合同自由与正义的角力关系。因此，可以说司法酌减规则的价值基础应为单纯地强调债务人保护，而是在私法自治这一总体的背景下，平衡形式自由与实质公平。这一价值的定位，决定了司法酌减的规范属性为强制性规范，即债务人保护和实质公平独立于意思自治的价值体系，非完全由意思自治所能决定的范围。

二、司法酌减的启动与释明冲突

司法酌减规则以违约金为适用对象，《合同法》第114条规定，当事人可以约定一方违约时应当根据违约情况向对方支付一定数额的违约金，也可以约定因违约产生的损失赔偿额的计算方法。启动司法酌减，是司法权介入违约金责任关系的第一步。考察各国各地区的立法体例，大体存在法院依职权启动和债务人申请两种模式。在我国台湾地区，司法酌减可依法官职权酌减；在德国和法国的民法典中，对于司法酌减的情形，则需依照当事人申请。我国采取的是债务人申请启动的模式。《合同法》第114条规定，约定的违约金过分高于造成的实际损失的，当事人可以请求人民法院或者仲裁机构予以适当减少。但在很多实践中，上述酌减模式的启动被审理法官在庭审中的释明予以弱化了。由此可见，在司法实践中虽然立法明确了债务人申请启动模式，但是释明规则的强化运用会对该模式所代表的处分主意立场造成冲突。

三、实际损失和预期利益的规范意义

司法酌减经申请程序而启动进入实体判断环节。《合同法解释（二）》第29条规定，法院应以实际损失为基础，兼顾合同的履行情况，当事人的过错程度以及预期等综合因素，根据公平原则和诚实信用原则予以衡量。酌减与否取决于是否构成《合同法》第11条第2款的"过分高于造成的损失"，和《合同法解释（二）》第29条第2款对其进一步量化解释的规定"当事人约定的违约金超过造成损失的30%的，一般可以认定为《合同法》第一百一十四条第二款规定的'过分高于造成的损失'"。由此，可以得出以下结论：高于所造成损失的30%的违约金原则上应予酌减，除非依综合衡量不应酌减；未超过造成损失30%的违约金原则上不予酌减，除非依综合衡量应予酌减；应予酌减幅度也应经过综合衡量确定。

四、司法酌减中的判断实点及举证责任

（1）衡量因素的判断时点。学说上将上述酌减的判断时点分为当事人约定违约时、违约时、债权人主张违约时、事实审最后言辞辩论时。通说采取了债权人主张违约金时，理由是司法酌减为权力行使控制机制，应以权利行使时为准。主张采取"事实审最后言辞辩论时"观点的论者则认为，法官的裁量需依靠所有的程序材料，应以最晚的时间为准。对此，我国实务界也有观点主张应以当事人缔约时为判断时点。笔者认为，在无明确的法律规定的情况下，判断违约金酌减的时点前后的选择，应以司法酌减规范目的为出发点。司法酌减规则调整的是合同成立生效后履行的发展及相关效果的演进。若以缔约时、违约时为判断实点，则违约情节、损失确定以及其他后续的进程中的评价因素，难以被正当地予以考量。在债权人积极主张

违约金的情况下，若债务人仍然怠于履行，则可能继续产生损害。因此，判断时点的选择应尽可能考虑有评价意义的各种因素，以形成介入意思自治实现个案正义的全面、充分的理由。由此可见，直至法庭辩论终结前的所有情况，均应纳入考量因素。

（2）司法酌减的举证责任分配。在司法酌减过程中的举证责任分配，虽属于程序上的问题，但是对于实体法规则的效果会产生重要的影响。在我国法律中，申请司法酌减，属于有利于债务人的主张。《民事诉讼法》第64条、《最高人民法院关于民事诉讼证据的若干规定》第2条之规定，举证责任应由债务人承担。问题的关键在于证明对象如何确定。依据《合同法》第114条第2款，"过分高于造成的损失"是法院酌减的前提。因此，笔者认为对于该等问题应分两步予以考虑，第一步应有债务人证明违约金的约定高于债权人实际受到的损失。第二步是否"过分高于"应属于法院酌减的范畴，即根据《合同法解释（二）》第29条的规定，30%的标准只是提供了一种便于审判实务操作的标准。此外，在金钱债务迟延履行违约金的审判实践中，法院经常会要求债权人为迟延还款所造成的损害提供证据。有的法院则以日常生活经验为判断依据，认为迟延履行金钱债务造成的"主要是利息损失"，即债务人无须就此举证，反而应由债权人证明在"利息损失"之外还存在其他的损失。笔者认为，金钱债务迟延履行违约金有其特殊之处，以日常生活经验为依据豁免债务人的举证责任，这种处理降低了司法酌减的使用门槛，不宜扩张使用于其他类型的违约金酌减问题。

【实务评析】

违约金的司法酌定主要是应用于司法裁判中，但更要从中得到启示，把其适用的基本原则和理念运用到合同缔结、履行、解除、救济等的整个过程，从而防范风险、减少损失、实现合同效益的最大化。

一、以法律规定为前提，合理约定违约金

违约金作为一种预计的损失救济措施，对于依意思自治而订立的合同各方当事人来说，其对违约金的约定与合同的其他内容一样，也是基于双方当事人的意思自治、充分协商的结果，是各方当事人在充分保障各自利益的前提下，采取的保证合同目的最大限度实现的具有一定惩戒性质的措施。根据合同的约定，当事人对自己违约将要产生的后果都会有比较准确的预期。由当事人任意约定，则可能会损害当事人的合法权益，所以，法律对违约金的金额又有最高额度的限制，并赋予司法机关依司法酌减的权力。这就为当事人约定违约金提供了标准和限制，我们在充分实现意思自治时，必须以法律规定为前提，综合考虑各方当事人的实力，合理约定违约金。

二、综合主客观条件，有效运用违约金司法酌减制度

当合同违约情形发生时，为了避免损失的扩大或弥补损失，主张违约金的支付往往是人们首先考虑的救济途径，作为违约方自然会以违约金过高为由，请求司法机关或仲裁机构予以酌减，这时违约方就要充分收集缔约时的市场行情、双方的实际履行能力和合同签订时的客观条件等资料予以证明，从而使自己的违约金得以减少，也可以以此促成与守约方之间的调解。对于守约方来说，在违约方主张司法酌减时，首先要予以反驳，其次要考虑违约方的实际履行能力，可以适当地让步，以最大限度保障自身权益的有效实现。

法人人格否认制度在关联企业中的适用

【本文要旨】

股东有限责任制度和公司法人人格独立是公司法的两个重要制度。其中，公司法人人格独立是公司运行的基石，对于投资的快速增长和融资的顺利实现，这些都十分重要，深远地促进了经济快速而稳定的增长。但也应该看到，作为公司人格独立和股东有限责任的基础及前提，对于公司财产与股东或者其他公司的财产分离原则也存在相应的缺陷。公司的法人人格否认制度是对该缺陷的一个较为有效的补充。为了能够更好地对公司债权人的义务和权利进行维护，在个案中，谨慎地应用公司法人人格否定制度对关联公司间的关联关系进行破除，追究关联公司的连带责任，成为保护公司债权人的一种有效方式。

【案情简介】

2009年7月14日，A公司与B公司拟订一份"谅解备忘录"，就双方在无线通信等领域开展合作达成一致，A公司将建立一家公司实体，开展合作，B公司负责提供产品的定义和样机。后C公司（A公司关联公司）与D公司（B公司关联公司）基于"谅解备忘录"签订合作合同，该合同约定：双方应依本合同约定各司其职，由C公司承担合同产品的销售工作，只经营和销售D公司提供的产品；由D公司承担合同产品的开发、生产工作。同时，确定营运获利目标及目标未达成D公司的获利差额支付义务。在合同履行过程中，D公司以多家关联公司名义配合履行合同义务，多家关联公司人员、财务、业务混同。2010年6月30日，C公司与D公司签订补充协议，就合作合同中的营运获利目标及D公司支付义务等进行修改。后因D公司未支付合同款，C公司提起诉讼，D公司以合作合同未实际履行，C公司与案外人的合作与其无关进行抗辩。

【审理结果】

该案经一审、二审及再审后，最终判定，D公司应当返还相应款项，但其未返还，已构成违约，应向C公司支付合同款及相应利息损失。

【理论探讨】

一、法人人格否认制度的含义

公司人格否认制度，又称公司法人人格否认制度（disregard of corporate personality），美国称"揭开公司面纱"（lifting the veil of corporation），英国称"刺破公

司面纱"（piercing the corporation veil），德国称"直索"
（ntirch），尽管称谓不同，基本内涵却大同小异。公司法
人人格否认制度至今没有固定的、一致的定义，综合之前
对此制度研究的成果，笔者认为下列定义比较贴切：公司
法人人格否认制度，是指在某一法律关系中，基于一个特
定的事件，否认公司法人法律拟制的绝对独立人格，并否
认公司股东的绝对有限责任，判令股东对公司债权人或社
会公共利益承担无限责任，以使滥用公司法人独立人格的
行为被纠正，❶从而使公司债权人的利益和社会公共利益的
正常状态免遭损害，进而实现法律公平、正义价值目标的
一种法律制度。❷它与法人人格独立制度组成一个完整的法
人制度的体系，也可以说它是法人制度的另一面，但绝不
是对法人人格独立制度的否认。

　　法人人格否认制度起源于美国，是美国公司法中一项
重要的制度，在美国也称为"揭开公司面纱"，这一理论
最初是1905年美国的桑伯恩（Sanborn）法官在诉Milwaukee
冰柜运输公司案件中提出的，但是当时仅仅是一个理论，
作为一项制度是在随后的一系列的相似案件的裁判后慢慢

---

❶　施天涛：《公司法论》，法律出版社2006年第2版，第30页。
❷　赵旭东主编：《公司法学》，高等教育出版社2006年第2版，
第8页。

确立下来的。❶

德国将法人人格的否认称为"直索"，这个称呼也非常形象，是指在某些情况下，法院可下令债权人越过应独立人格作为债务人的公司，直奔向公司背后的股东行使追索权。❷

在法国，否定公司法人人格的普遍情形是股东滥用公司的独立财产；母公司操控子公司，享受子公司的利益，承担子公司的债务；成为子公司的董事，母公司处分具有独立法人资格子公司的业务和资产。❸

二、关联企业的认定标准

关联企业，是指企业之间为达到特定经济目的通过特定手段而形成的企业之间的联合。此处所谓特定的经济目的，是指企业之间为了追求更大的规模效益而形成的控制关系或者统一安排关系；特定的手段则包括通过股权参与或者资本渗透、合同机制或者人事链锁、表决权协议等各种手段以达成干预之目的；企业之间的联合则指的是具有独立法人地位的企业之间的联合，从而把营业部、分公司等不具有独立法人人格的分支机构的情形予以排除。在学

---

❶ 廖凡："美国反向刺破公司面纱的理论与实践——基于案例的考察"，载《北大法律评论》2007年第2期，第535页。

❷ 周友苏：《新公司法论》，法律出版社2006年版，第95页。

❸ 王莹："母公司滥用控制地位的法律责任"，见梁慧星主编：《民商法论丛（第36卷）》，法律出版社2009年版，第518页。

理上，由于关联方式的不同，关联企业可以分为事实上的关联企业和合同上的关联企业。事实上的关联企业是通过控股方式建立起关联关系的企业，而合同上的关联企业则是以签订合同的方式建立起关联关系的企业。实践中对于关联企业的认定较之于学理要严苛一些，一般说来，关联企业是否需要纳入法律调整的范畴取决于企业之间的控制程度。基于不同的法律文化和社会环境，各国判断关联企业的标准并不一致。

联合国的有关范本中对"国际关联企业"进行了规定：（1）一个缔约国企业对另一个缔约国企业的管理、企业的运行、资本、业务运作等进行直接或间接的控制；（2）缔约国企业双方被同一人直接或间接地控制企业的管理、企业的运行、资本、业务运作等。❶可见，国际组织的范本认定关联企业的依据是管理企业、控制运作或资本操控等权利是否独立自主行使。

美国立法上，没有关联公司的相关规制，只有比较接近的"母子公司"的概念：如果一家公司发行的股票中有表决权的部分被另外一家公司占有10%及以上，那么就是另一

---

❶ 参见《联合国关于发达国家与发展中国家间避免双重征税的协定范本》；《经济合作与发展组织关于避免双重征税的协定范本》，转引自李建伟：《关联交易的法律规制》，法律出版社2007年版，第39页。

公司的子公司。❶此外，美国还有关于控制公司的标准的规定：如果一家公司直接或间接占有另一家公司股权的25%及以上，那么就形成对这家公司的控制，就是这家公司的控制公司。❷至今，关联公司的概念都没有在美国的成文法中明确规定，只有关联公司的相关判例作为指导之用。

日本公司法的立法当中也没有关于关联公司定义的规定，只有在关于财务规则的法律中零星可见，是这样规定的：一个公司的有表决权的股权中，如果超过25%～50%的份额被另外一家公司直接或间接占有，并且在业务运营、财务管理和人事运用方面被这家公司控制，那么，这家公司就是另一家公司的关联公司。❸

我国现行法律中关于关联公司的含义并没有明确规定，但在公司法、税法和其他法律规范中对关联关系的含义进行了规定。我国对公司上市进行规范的法规中有关联关系的含义："关联关系是一个企业和可能导致其利益转移

---

❶　参见《美国公共事业控股法》，转引自最高人民法院案例指导工作办公室："指导案例15号'徐工集团工程机械股份有限公司诉成都川交工贸有限责任公司等买卖合同纠纷案'的理解与参照"，载《人民司法（应用）》2013年第15期，第34页。

❷　参见《美国投资公司法》，转引自最高人民法院案例指导工作办公室："指导案例15号'徐工集团工程机械股份有限公司诉成都川交工贸有限责任公司等买卖合同纠纷案'的理解与参照"，载《人民司法（应用）》2013年第15期，第34页。

❸　参见《日本财务诸表规则》，转引自施天涛：《关联企业法律问题研究》，法律出版社1998年版，第4页。

的直接或者间接控制者之间的关系，这些控制者包括公司董事、监事、高管、控股股东、实际控制人。"❶保监会也出具了有关法规对关联关系进行了界定："双方当事人对对方的资金或者股票享有实际控制权即具有关联关系，或者股份、资金由同一第三人控制时产生的关系。"❷《公司法》第21条规定："公司的董事，监事，高管，控股股东，实际控制人不可以利用其关联关系损害公司的利益；如果利用关系给公司造成损失的应当赔偿。"《公司法》第125条规定："上市公司的董事在董事会会议中涉及对有关联关系的企业决议表决时，不得行使投票决议的权利，也不得代理行使其他董事投票表决权；上市公司董事会会议由没有关联关系的董事的二分之一以上出席才能举行，二分之一以上没有关联关系的董事表决才能通过会议决议的事项；没有关联关系董事只有三人以下出席董事会议的，该事项转提交由股东大会审议。"《公司法》第217条第4款规定："关联关系是一个企业和可能导致其利益转移的直接或者间接控制者之间的关系，这些控制者包括公司董事，监事，高管，控股股东，实际控制人。"相对而言，我国税法对于关联企业的认定更加可资借鉴。《企业所得税法实施条例》和《税收征收管理法实施细则》认定关联企业

---

❶ 2006年中国证监会《上市公司章程指引》第192条。

❷ 2006年中国保监会《保险资金间接投资基础设施项目试点管理办法》第94条。

的依据是关联企业应当符合下列三种情形之一：（1）在资金、经营、购销等方面存在直接或者间接的拥有或者控制关系；（2）直接或者间接地同为第三者所拥有或者控制；（3）其他的利益上具有相关联的关系。《特别纳税调整实施办法（试行）》则进一步细化为八项标准：（1）一方直接或间接持有另一方的股份总和达到25%以上，或者双方直接或间接同为第三方所持有的股份达到25%以上。若一方通过中间方对另一方间接持有股份，只要一方对中间方持股比例达到25%以上，则一方对另一方的持股比例按照中间方对另一方的持股比例计算。（2）一方与另一方（独立金融机构除外）之间借贷资金占一方实收资本50%以上，或者一方借贷资金总额的10%以上是由另一方（独立金融机构除外）担保。（3）一方半数以上的高级管理人员（包括董事会成员和经理）或至少1名可以控制董事会的董事会高级成员是由另一方委派，或者双方半数以上的高级管理人员（包括董事会成员和经理）或至少1名可以控制董事会的董事会高级成员同为第三方委派。（4）一方半数以上的高级管理人员（包括董事会成员和经理）同时担任另一方的高级管理人员（包括董事会成员和经理），或者一方至少1名可以控制董事会的董事会高级成员同时担任另一方的董事会高级成员。（5）一方的生产经营活动必须由另一方提供的工业产权、专有技术等特许权才能正常进行。（6）一方的购买或销售活动主要由另一方控制。（7）一方接受或提供劳务主要由另一方控制。（8）一方对另一方的生产经营、交易具有实质控制，或者双方在利益上具有相关联的其他关系，包括虽未达到本条第（1）项持股比例，但一方与另一方的主要持股方享受基本相同的经济利益，以及家族、亲属关系等。凡符合标准之一便可认定为税法上所调整的关联企业。现行《公司法》的规定仍然过于原则笼统：第21条更多的是一种宣示性质的条款，而且仅规定了损害公司利益应当承担赔偿责任，对于利用关联关系损害公司债权人利益则未置一词；第124条是对上市公司董事权利的限制，不适用于非上市公司；第216条则基本上复述了《上市公司章程指引》界定关联关系的规定，在具体适用以认定关联企业时仍然缺少明确细致的判断标准。所以，关于如何认定关联企业，实有必要在将来的公司法司法解释中再作细化，而在此之前则不妨参考税法的相关规定。

三、关联公司人格混同的认定标准

（一）最高人民法院15号指导性案例的裁判规则

2013年，最高院发布15号指导性案例，创造性地以法人人格否认制度规制关联公司人格混同的情形，具有极强的开拓意义。15号案例大致案情如下：徐工集团工程机械股份有限公司诉成都川交工贸有限责任公司、成都川交工程机械有限责任公司、四川瑞路公司建设工程有限公司、王永礼以及川交工贸公司股东等个人，请求川交工贸公司支付所欠货款，川交机械公司、瑞路公司及王永礼等个人对上述债务承担连带清偿责任。法院查明：三公司经理均为王永礼且主要业务负责人相同，三公司业务范围均涉及工程机械且部分重合，三公司共用结算账户且存在财务专用章混用的情形。法院的裁判理由中援引《公司法》第3条第1款"公司是企业法人，有独立的法人财产，享有法人财产权。公司以其全部财产对公司的债务承担责任"，根据三公司人员、业务、财务混同导致财产无法区分，因而丧失独立承担责任的基础；又依据第20条第3款"公司股东滥用公司法人独立地位和股东有限责任，逃避债务，严重损害公司债权人利益的，应当对公司债务承担连带责任"，川交工贸公司承担所有债务却无力清偿，使其他关联公司逃避债务，严重损害了徐工集团工程机械股份有限公司的利益，故判决由川交工程机械有限责任公司与瑞路公司建设工程有限公司对川交工贸有限责任公司的债务承担连带清偿责任。

（二）法人人格否认对于关联公司人格混同的规制

随着社会经济生活的发展，法人人格滥用的手段不断翻新，法人人格否认理论也随之进一步发展。目前，法人人格否认主要适用但不限于以下情形：

（1）股东滥用公司独立人格和股东有限责任。此时的法律责任从公司指向股东，这是最传统、典型的情形。

（2）母公司转移资产和利益给子公司，以逃避债务。此时法人人格否认规则应反向适用，子公司替母公司承担责任，即由公司替股东承担责任。

（3）关联公司之间人格混同，资产不当转移。此时的法人人格否认又称为三角刺破，责任以一种类似于三角形的路线流动，首先从被控制的公司流向控股股东，接着从该控股股东流向其他受其控制的关联企业。

我国于2005年修订《公司法》时引入了法人人格否认制度，但第20条第3款调整的是股东与公司间的财产混同，仅涵盖上述第一种最典型的情形。15号案例对此条款作出突破性的解读，即关联公司利用人格混同逃避债务时，为维护债权人的正当利益，实现公平，应参照《公司法》第20条第3款的规定，由关联公司对被利用公司的债务承担连带清偿责任。可以看出，法院之所以适用第20条第3款，更多是从实现公平正义的角度考虑。那么，这一适用方法是否可行呢？《公司法》第20条第1款强调"公司股东应当遵守法律、行政法规和公司章程，依法行使股东权利"，规定"股东不得滥用公司法人独立地位和股东有限责任损害公司债权人的利益"，即只要是股东滥用公司法人独立地位和股东有限责任损害债权人利益的行为，不管是第一种传统情形，还是后两种扩张情形，都应该受到该条的约束。因此，控制股东利用公司之间的关联关系，借助人格混同恶意逃避债务，损害债权人利益，符合该款的规定，应当适用法人人格否认制度。第20条第3款构成一个完整的法人人格否认制度的规制网络，是一个总括性规定。

在此基础上，国内有学者主张应当对第20条第3款作扩大解释，通过"反向刺破公司面纱"来追究人格混同下关联公司的责任。"反向刺破公司面纱"是指在"刺破公司面纱"之后，由公司替股东承担责任。关联公司三角刺破实际上是"刺破公司面纱"（责任由被控制的公司流向股东）与"反向刺破公司面纱"（再由股东流向其他受控制的公司）的结合。江苏省高级人民法院史留芳在《人民法院报》上对此案作出评析，否认关联公司各自的独立人格，将其视为一体，对其中特定公司之债权人的请求承担连带责任，不过是将滥用关联公司人格之股东的责任延伸到由他们控制的关联公司。笔者十分赞同对第20条第3款作扩大解释，因为其充分肯定了"反向刺破公司面纱"制度，在关联公司人格混同的情形下，反向适用法人人格否认制度，并非一种随意的扩张，而是从公司法的基本原理出发，严格遵循法解释学的结果。

（三）关联公司适用法人人格否认法律要件

根据《公司法》第20条的规定，适用法人人格否认必须满足三个要件：第一，主体要件。只有公司的债权人能够提起法人人格否认之诉，其余股东、董事、监事、高级管理人员即使与公司存在债权债务关系也不得主张公司法人人格否认。第二，行为要件。须有股东实施滥用公司法人独立地位和股东有限责任的行为。第三，结果要件。股东滥用权利的行为严重损害了公司债权人的合法权益。相应地，对人格混同的关联企业适用法人人格否认也应当依循这三个要件。

（1）主体要件——唯有债权人可得诉请对关联企业进行人格否认。从公司法的立法表述来看，我国法人人格否认与国外的法人人格否认还是有所不同的。国外的法人人格否认一般从法院的角度表述，反映出其法人人格否认制度是作为在司法判例基础上形成的司法救济手段的特点，而我国的法人人格否认则是从股东的义务和责任的角度来表述的，反映出我国法人人格否认制度首先是作为债权人请求权构成内容的特点。既然是作为债权人的一项请求权，则法院只有在债权人积极主张的时候才能够依法适用人格否认，而不能依职权去主动地"揭开公司的面纱"。另外，债权人主张人格否认的诉请应是针对关联企业提起的，对于非关联企业则不宜轻易适用人格否认。一般说来，只有关联企业之间才有可能出现人格混同。不过，也不能完全排除非关联企业之间发生人格混同的可能。笔者认为，适用法人人格否认必须严守适度的底线，该原则是针对滥用法人主体资格的行为所作的否定性评价，而并不是为了给债权人提供更多的救济，不能因为企业之间出现了人格混同就动辄予以人格否认。非关联企业不存在共同的经济目的，其人格混同也很难说是滥用法人主体资格的行为所致，所以对于非关联企业的人格混同没有必要适用人格否认予以规制。

（2）行为要件——关联企业之股东假借人格混同滥用法人独立地位。关联企业的人格混同主要表现为组织机构的混同、经营业务的混同和企业财产的混同。在组织机构混同的情况下，关联企业之间的董事会成员相互兼任，总经理和高级管理人员统一调配、统一聘任或统一任命，企业之间的雇员无甚差异，公司的重大决策不经过审慎的讨论和独立的审议，等等；在经营业务混同的情况下，关联企业从事大致相同的业务，相互之间的交易行为、交易方式、交易价格等都取决于握有最终控制权的股东，资金在企业之间随意流转，根本谈不上自由竞争，经常出现"舍己为人"的行为；在企业财产混同的情况下，公司的营业场所、机器设备以及办公用品难分彼此，一企业名下的财产可以被其他企业法人随意处分，公司的财会账簿稀里糊涂，资金流向不知所终。上述三种情况都表明关联企业已经出现人格混同，特别是企业的财产混同，从根本上违反了资本维持原则和资本不变原则，有可能严重影响企业的偿债能力，因而也是认定关联企业人格混同最重要的依据。不过，外人很难证明股东存在故意虚化公司治理结构的行为，要求债权人对企业经营管理的内部行为举证亦不现实。所以，笔者认为，在证明关联企业的股东存在假借人格混同而滥用法人独立地位的行为时，应当秉持客观滥用主义的标准，只要债权人举证证明关联企业构成人格混同，便可以认定控股股东假借人格混同滥用了法人的独立主体地位。倘若关联企业认为其虽然构成人格混同，但并不存在滥用公司法人人格的行为，则应由其举出相反的证据。

（3）结果要件——只有否认关联企业的法人人格方能保护债权人利益。法人人格否认适用于关联企业人格混同的结果要件要求债权人的利益由于关联企业的人格混同而受到严重的侵害，不否认不足以保护债权人。该结果要件实际上包含两方面的内容：其一，债权人的权益因为关联企业之人格混同而受到严重的侵害。其二，如果不适用法人人格否认在关联企业之间"揭开公司的面纱"，将无从保障债权人的利益。如果债权人的债权之上已经设定了保证、质押等债的担保，债权人的债权基本上能够通过债的担保而获得救济，则没有必要适用法人人格否认。另外，如果作为债务人的企业对外还有未获清偿的债权，债权人可以通过行使代位权或撤销权使自己的债权受偿，同样没有必要适用法人人格否认。再者，如果能够对债务人企业的股东"揭开公司面纱"，也没有必要对整个关联企业适用法人人格否认。因为对关联企业适用人格否认将导致所有的关联企业都被视为同一主体，而无论其他关联企业与债务人企业之间是否存在控股或者参股关系。如果直刺债务人企业的控股股东就已经足以保障债权人的权益，就没有必要将与之存在关联关系的企业都牵涉其中。

【实务评析】

我国的公司法人人格否认制度在理论上仍不完善，在实务操作中仍存在被滥用等情形，而关联企业作为企业发展的一种新情况，其在适用公司法人人格否认制度中存在更多的问题，关联企业的法人人格否认制度亟待完善。

一、关联企业法人人格否认制度的立法完善

公司法是规范公司制度的基本法，2005年修改的新公司法对公司人格否认的承认是我国公司立法的一大进步，但有关公司人格否认的具体实体规范没有系统的规定，对关联企业的规定更是少之又少，使得债权人或关联企业在适用法人人格否认时显得迷茫和混乱，这就要求从立法上完善相关规定，增强法律规范的针对性和操作性，完善现行公司法关于关联企业的有关规定，强化控制公司对从属公司债权人的责任。随着企业改革的不断深化，资本参与已成为企业实现其外部扩展的重要手段，我国公司法已明确承认公司之间的转投资行为，但没有对转投资行为所带来的一些负面后果，如从属公司债权人利益的侵害和保护问题作出相应的规定，使得这一问题成为公司法的一个薄弱环节，甚至是真空地带。在关联企业情形下，由于控制因素的存在，从属公司虽然在法律形式上仍然保持着"独立存在"，但是，在事实上，控制公司往往实行的是统一管理以服从其集团整体利益。从属公司在这里丧失了其自我利益和意志，它必须以其控制公司

或集团整体的利益为其自己的利益，以控制公司或集团整体的意志为自己的意志，从属公司已丧失了其独立人格，从属公司的财产也失去了真正意义的独立，从属公司的独立人格自然也就丧失了其物质上的保障。以上表明，有限责任制度在关联企业中已经丧失了其存在的基础和前提。针对关联企业的特殊情况，有必要对有限责任在关联企业中的适用作出必要的矫正，其手段就是否定从属公司的独立人格和控制公司的有限责任特权。在德国，这方面的理论和实践已相当成熟，我国应借鉴其成功经验。建议在公司法中明文规定控制公司因其控制行为给从属公司造成损害，致使从属公司不能偿还债务的，应向从属公司债权人承担连带赔偿责任。

二、关联企业法人人格否认制度的司法完善

随着商品经济的发展，关联企业逐渐增多，如果完全具体地从立法层面规定每种情形是不太现实的，应当更多地倚重于在司法实践的程序中完善，并在实践中积极探索其适用标准，进一步发展具有中国特色的关联企业法人人格否认规则。

作为关联企业来说，因控制公司和关联公司之间往往会发生人格混同，为了更好地保障债权人的合法权益，最重要的是要准确地确定案件的当事人。

（1）原告的范围。由于法人人格否认主要是针对股东滥用公司独立人格而构建的一项严格责任制度，公司人格

滥用的受害者通常是公司的债权人，那么，所有的公司债权人均可考虑其具备原告的资格，公司的债权人应当包括但不限于契约之债的债权人、侵权行为之债的债权人、无因管理的债权人和不当得利之债的债权人，也应当包括劳动关系中的债权人（劳动者），还应包括一些行政关系中的特殊债权人（如国家税收债权）等。

（2）被告的范围。法人人格的滥用者限于对该公司具有实际控制能力的股东，即控制股东。控制股东不一定持有公司的多数股份，以实际对公司有控制能力为表征，尤其对于关联企业，工商登记上的股东可能对公司并未实际出资，也未参与公司的经营管理和分红等，对企业并不具备实际的控制能力，这时关联企业的名义股东是否也可以考虑其可以适用公司法人人格否认制度；且对于关联企业因其行为对债权人负有债务时，将控制股东作为被告会更好地保障债权人的合法权益。

（3）第三人的追加。对于公司尤其是关联企业的出资和日常经营状况是其保证履行债务的前提条件，但公司的出资及运营情况需要有相应的验资报告和资产评估报告等予以证明，如果相关的验资机构或评估机构出具虚假的报告，则会直接侵犯债权人的利益，这时就需要将金融机关及其他验资机构、评估机构作为第三人，要求其与公司负有责任的投资者或股东承担连带责任。

二、劳动篇

关于企业委托第三方代缴社会保险费法律问题之浅析

【本文要旨】

随着社会的发展和人民生活水平的提高，社会保险在人们日常生活中显得尤为重要，为员工办理社保登记、缴纳社保费用成为企业的法定义务。相对于社保缴纳人数、缴纳基数、险种等明显不合法的问题而言，社保代缴这一违法行为有着更为复杂的原因及后果。本文从笔者亲自代理的一起由于委托社保服务公司代缴社保导致社保基金不予赔付的工伤案例入手，对目前实践中社会保险缴纳三种情形涉及的法律问题进行分析，并提出实务评析。

【案情简介】

周某于2003年入职某外企，并于2007年与该外企北京分公司签订无固定期限合同。2014年9月3日，周某在家办公时突发疾病，经抢救无效死亡，后经北京市朝阳区人力资源和社会保障局认定为工伤。由于该外企委托其所在地上海的某公司（以下称为"第三方企业"）代理其社会保险及人事档案等服务，由该第三方企业为其员工办理社保缴纳并提供相应的服务。但该第三方企业又将该外企北京分公司员工的社会保险缴纳服务委托给了一家北京企业（以下称为"第四方企业"）。第四方企业未以该外企北京分公司的名义为这些员工办理社保缴纳登记，而是以其自己的名义为这些员工缴纳了社保费用以及提供社保增员、减员服务。周某家属在向相关社保机构申请工伤赔付时，社保机构拒绝赔付，在其回复中表示由于该公司的过错，视同该公司未替周某缴纳社保费用，并最终导致周某不能享受各项工伤待遇，周某家属应向该公司要求支付周某相应的工伤待遇。双方当事人协商未能达成一致，周某家属向劳动人事争议委员会提起仲裁，要求该外企北京分公司支付周某应得的工伤待遇。

【审理结果】

劳动争议仲裁委员会最终作出仲裁裁决，支持了周某家属的请求，要求该外企北京分公司承担原本应由社保基金支付的工伤待遇。由于周某家属对仲裁裁决的赔付金额不服，起诉到人民法院，目前该案正在审理中。

【理论探讨】

随着社会的发展和人民生活水平的提高，社会保险在人们日常生活中显得尤为重要，为员工办理社保登记、缴纳社保费用成为企业的法定义务，对此，《社会保险法》有明确规定，其第58条规定："用人单位应当自用工之日起三十日内为其职工向社会保险经办机构申请办理社会保险登记。未办理社会保险登记的，由社会保险经办机构核定其应当缴纳的社会保险费。"但是目前许多企业都存在社保缴纳人数不全、缴纳基数过低、缴纳险种不全以及委托第三方企业代其员工缴纳社保等问题。相对于社保缴纳人数、缴纳基数、险种等明显不合法的问题而言，企业委托第三方提供人事外包服务有着特殊的原因。一方面出于企业自身降低人员成本、提高工作效率的需要，另一方面也出于员工本身的意愿，实践中有不少企业委托第三方机构提供人事代理服务。❶

一、选择人事代理的原因

现在为什么越来越多的企业不自行为员工办理社保登记并为其缴纳社会保险费用而是选择委托第三方公司提供相关服务呢？主要有以下几方面原因：

第一，解决异地用工带来的不便。为了保障员工享受社会保险待遇，许多企业会选择在劳动合同履行地委托第三方企业为员工缴纳社会保险。该类员工的工作地通常是经常居住地或者户籍所在地，而企业在该地区没有任何分

---

❶　郑尚元：《工伤保险法律制度研究》，北京大学出版社2004年版。

支机构可以为员工缴纳社保。因此，这些员工通常也会主动要求用人单位在劳动合同履行地为其缴纳社保，以此保证便利地享受社会保险待遇。

第二，降低企业成本。一些规模较小的公司，人员专业性不够，甚至没有专业的从事人力资源工作的人员；对于规模大的公司而言，尽管公司配备有专业的人力资源部门人员，但这些工作人员需要经常往返社保机构，办理每月的增减员手续、社保基数的申报，同时必须经常留意国家的社保政策以及相关规定，人员成本过高。因此，将员工社保缴纳事宜"外包"出去能让企业的人事从烦冗重复的社保缴纳工作中解脱出来，提高人力的工作效率，减少企业的人力成本。这样做可以帮助人力资源部门从繁重的重复性事务中解脱，专注于核心的战略性工作，从而提升人力资源管理的高度和核心竞争力；提供接触新管理技术的机会，提高响应的速度与效率；规范操作，有效遏制随意性的薪资、员工管理，对管理工作的规范性、公正性起到促进作用；降低成本、舒缓资金压力，克服很多企业都存在的扩大规模面临的资金紧缺问题；避免大量投资于人才所带来的不确定风险；简化流程，节省时间，提高员工满意度。

因此，既能满足员工意愿又能节约企业成本的社保代缴看上去似乎能达到"双赢"的目的，但是，此种操作在实践中暗藏着法律风险。

二、社保缴费问题衍生的不同类型行为

1. 社保代办服务

社保代办服务，即用人单位委托社保服务公司代办社保费缴纳的行为。用人单位与劳动者签订劳动合同，用人单位为了简化管理，提高效率，与社保服务公司签订"劳动保障事务代理协议书"，委托社保服务公司以用人单位的名义为劳动者缴纳社会保险费（社保账户仍是用人单位的账户），提供代办社保缴费服务，收取相应的代理服务费，这种行为可称之为"代办社保费缴纳服务"。

2. 社保代缴服务

社保代缴服务即用人单位委托社保服务公司代缴社保费的行为，具体而言就是用人单位将社保缴纳费用支付给第三方企业，由第三方以其名义为用人单位员工缴纳社会保险，通常也称为"挂靠代缴"。为顺利代缴社保，受托的第三方企业一般会与用人单位的员工签订名义上的劳动合同，表面上形成"劳动关系"，然后向社保经办机构申报并缴纳社保。用人单位为了规避承担社保责任，让本应与之签订劳动合同的劳动者，全部或部分与社保服务公司签订劳动合同，并委托社保服务公司代缴社保费，社保账户使用的是社保服务公司的账户，而不是用人单位的账户。实践中，通常是用人单位异地设立的分支机构或者分公司，委托当地社保服务公司代缴社保费的行为。其实质就是，

用人单位为了规避社保责任，为缴纳社保费而让社保服务公司与劳动者之间建立虚假的劳动关系，而实际上，用人单位与劳动者为真正的劳动关系。

3.社保挂靠服务

社保挂靠服务，即劳动者个人挂靠社保服务公司缴纳社保费的行为。现实中，由于各地政策规定的差异，劳动者缴纳社保费的年限或缴纳地都与户籍、社保转移、摇号买房买车、入学等密切联系。因此，经常发生劳动者原来是北京某企业劳动者并依法参加了各项社会保险，后来去了深圳工作，但为了在北京买房，虽然与原用人单位解除了劳动合同，但原用人单位仍然继续为其缴纳社会保险费。这就是所谓的挂靠人员缴纳社保费的情况。

三、社保缴纳行为的法律问题分析

1.社保代办服务是符合法律规定的，目前全国各地的社保主管机关都允许此服务行为，具有合法性

理由在于，社保服务公司只是提供中介服务，没有改变用人单位与劳动者之间的劳动关系以及社保缴费的权利义务。选择此种服务，用人单位将员工社保缴纳事宜外包出去能让企业的人事部门从烦冗重复的社保缴纳工作中解脱出来，提高人事部门工作人员的工作效率，减少企业的人力成本。

2.社保代缴服务属于违法行为

许多委托第三方企业进行社保代缴的企业可能会认为，自己出钱委托他方代为缴纳员工社保，亦不存在漏缴或者少缴社保的情况，同时还需要付出不菲的委托费用，为什么还是会存在法律风险？

我国现行《社会保险法》规定了用人单位为员工缴纳社保的法定义务和缴纳地点。根据《社会保险法》第57条规定，"用人单位应当自成立之日起三十日内凭营业执照、登记证书或者单位印章，向当地社会保险经办机构申请办理社会保险登记。社会保险经办机构应当自收到申请之日起十五日内予以审核，发给社会保险登记证件。"同时，第58条规定："用人单位应当自用工之日起三十日内为其职工向社会保险经办机构申请办理社会保险登记。"《社会保险登记管理暂行办法》第6条规定："社会保险登记实行属地管理。缴费单位具有异地分支机构的，分支机构一般应当作为独立的缴费单位，向其所在地的社会保险经办机构单独申请办理社会保险登记。"因此，根据上述法律、法规的规定，可以理解为用人单位应当向其所在地的社保经办机构办理社保登记，并应当向其所在地的社保经办机构为员工缴纳社保。虽然社会保险法并没有明文禁止社保代缴的行为，但是这并不代表社保代缴的行为是合法合规的。换言之，无论是用人单位还是其分支机构，都必须向社保经办机构申请办理社会保险登记，为员工缴纳社会保险，而不管出于何种原因委托第三方社保服务公司代缴社保费的行为都是违法的。❶本文所述案例便属于该种情形。该外企北京分公司为了节省人力成本，并未自行为其员工办理社保登记、缴纳社保并提供相应的服务，而是由北京一家专门从事社保代缴服务的公司提供该等服务。这实质上已经违反了相关法律的规定，无论是从企业自身的完善，还是从对员工利益的维护出发，都应当对此予以纠正，应按照法律规定为员工提供社会保险服务。

《社会保险法》第58条规定"用人单位应当自用工之日起三十日内为其职工向社会保险经办机构申请办理社会保险登记"，表明社保缴纳的前提是用人单位与个人存在劳动关系。但是否存在劳动关系的认定不能仅以缴纳社保为依据。《劳动和社会保障部关于确立劳动关系有关事项的通知》（劳社部法〔2005〕12号）第1条规定："用人单位招用劳动者未订立书面劳动合同，但同时具备下列情形的，劳动关系成立。（一）用人单位和劳动者符合法律、法规规定的主体资格；（二）用人单位依法制定的各项劳动规章制度适用于劳动者，劳动者受用人单位的劳动管理，从事用人单位安排的有报酬的劳动；（三）劳动者提供的劳动是用人单位业务的组成部分。"通过这一条规定，明

---

❶ 李海明："工伤救济先行给付与代位求偿制度探微——兼评《社会保险法》工伤保险基金先行支付制度的得与失"，载《现代法学》2011年第2期。

确了劳动关系的认定不能仅凭缴纳社保与否进行判断，而要从实际层面进行认定，劳动者受用人单位劳动管理并获取报酬的，即使没有与用人单位签订劳动合同，劳动关系仍然确立。

一般来说，劳动者享受社会保险待遇的前提应当是与参保单位存在劳动关系。这是由于社保待遇与劳动关系挂钩，而社保代缴可能会产生下列三种隐患。

（1）员工发生工伤时，可能无法申领工伤保险待遇。一些地方社保机构对工伤保险待遇的核准比较严格，要求公司注册地和社保缴纳地一致，否则不予理赔。而在社保代缴的情形下，用人单位所在地显然与社保缴纳地不一致，用人单位可能将承担所有工伤保险责任，包括支付一次性伤残补助金、一次性工伤医疗补助金、生活护理费等。这些费用在正常情况下均应由工伤保险基金支付。本文所述案例就属于该种情形，尽管该外企按照法律规定的金额为周某缴纳了社会保险费用，但是由于未以公司自身名义办理社保登记并缴纳社保费用，最终不得不自行承担原本应由社保基金支付的工伤待遇，为自己的违法行为付出了沉重代价。（2）员工发生工伤并申领工伤保险待遇后，可能会要求用人单位补足待遇差额。目前各地的社保缴费基数与当地社会平均工资挂钩，北上广等经济较为发达的地区由于社会平均工资较高，因而有不同地区社保缴费基数存在差异的现象。例如，在上海的用人单位委托位于社会平均工资低于上海地区的其他单位代为缴纳社保，用人单位员工的社保缴费基数就会偏低，进而影响员工的工伤保险待遇。（3）社保代缴可能违反地方法规。目前，广东省出台了《广东省社会保险基金监督条例》（以下简称"条例"）并已于2016年7月1日正式实施，其中第21条第2款规定禁止通过虚构劳动关系、伪造证明材料等方式获取社会保险参保和缴费资格。该条规定明确禁止以挂靠的方式代缴员工社保的行为。同时，条例在第61条中规定了相应的法律责任，涉及的单位和个人将被计入信用档案，情节严重的会被处以涉案金额1～3倍的罚款。该条例的实施，社保代缴在广东省会被直接认定为违法，其结果将导致广东省的人力资源服务商可能不会再接受挂靠和代缴社保。❶

　　3.社保挂靠服务

　　（1）违反法律规定。因为劳动者已经与原用人单位解除了劳动合同，他们之间不存在劳动关系，自然就无须为劳动者继续缴纳社会保险费。（2）由于劳动者在原用人单位没有获取工资，故无法确定缴纳基数，涉及欺诈行为。（3）如果劳动者发生工伤、退休、失业时，容易与原用人单位发生纠纷，也存在重复参加社保的问题。因此，社保

---

　　❶　杨思斌："我国工伤保险制度的重大发展与理念创新"，载《中国劳动关系学院学报》2011年第4期。

挂靠行为是违法的。

然而也有例外，如外国公司在华分公司或分支机构，必须由外企人力资源公司缴纳，由用工单位和专业劳务派遣公司建立代缴社会保险关系挂靠社保；个体工商户、自由职业者、失业者委托社保代理公司代缴社保费的行为，严格来讲，都属于此类行为，因为考虑到上述几类人员没有用人单位，也没有从用人单位领取工资，但也应当享受到社保待遇，因此，此类行为不应认定为违法行为。

【实务评析】

在办理上述案件的过程中，笔者不由地思索，无论是《社会保险法》实施之前，还是实施之后，社会保险代理机构或中介机构普遍存在，社保管理部门及国家相关管理部门对此也均未取缔或限制。该涉案外企原本认为社会保险代理机构由于其专门从事此类业务，理应更具有专业性，能够更好地保障员工依法享受国家各项社会保险待遇，因此，才委托代理机构办理员工社保缴纳及提供相关服务。不可否认的是，该外企的初衷本是为周某在内的全体员工依法缴纳社会保险，确保员工可以依法享受各项社保待遇；为此该外企每年除了向社保代理机构支付相应的社会保险费用之外，还需要另行支付不菲的代理服务费用。发生周某工伤待遇不被社保基金保障的状况并非该外企追求或希望发生的，也并非其当初可以预见的。

作为一种制度漏洞，应该通过目的解释方法予以处理。工伤保险的目的是分散企业的用工风险，保障职工的合法权益。《工伤保险条例》并没有规定用工主体与缴纳社保的主体不一致，社保部门就可以拒绝支付相关工伤待遇。本案中，职工在工作期间受到伤害，该伤害已经被认定为工伤，且职工在受伤前及受伤期间已有单位为其缴纳了社保费用，理应享受工伤保险待遇。因此，在特定情形下应淡化社保缴费主体，实际用工主体不一致的情节，在不存在"骗保"等道德风险的情况下，社保机构应核准相关工伤保险待遇。即使在目前的情况下无法实际操作，那么，将来在修改相关法律法规时，应对此予以回应，弥补制度的漏洞。

严重违纪解除劳动合同的司法裁判适用研究

【本文要旨】

依法制定劳动规章制度，是用人单位经营管理权和用工自主权的体现，是用人单位依法享有的权利。但是，不受限制的单方权利容易被滥用，而成为侵犯劳动者权益的"正当理由"。因此，有必要对用人单位制定劳动规章制度进行有效规制，既合理限制用人单位的用工自主权，防止用人单位滥用其自治权，侵害劳动者权益，又不得过分束缚用人单位以致损害其正常经营管理秩序，而最终损害劳动者的长远利益。

【案情简介】

周某于2015年1月1日入职某物业管理公司，岗位为IT部经理助理。周某入职，公司向其发放了2014年制定的"员工手册"，并留存员工接受学习员工手册签字资料，其上载明"兹收到《员工手册》，并清楚本手册的内容及规定，本人愿意承诺受其约束"。根据"员工手册"的规定，员工犯有如下违纪行为，公司将予以解除劳动合同：……

3.2 不执行考勤制度，未经允许，无故缺勤（即旷工）累计2天/次以上（含2天/次）者；3.3 擅离职守或不按时回到岗位（2小时以上）或下班前不与下一班交接工作而擅离岗位者；……3.18 犯有书面警告2次者"。2015年11月30日，某物业公司向周某送达"解除劳动合同通知书"，以周某在2015年10月、11月多次出现无故缺勤、擅自离岗的情况，经公司多次书面警告并重申规章制度规定仍不改正，以严重违反用人单位规章制度为由解除劳动合同。周某认为某物业公司解除劳动合同违法，于是提起劳动仲裁。

【审理结果】

劳动仲裁委员会经审理后认为，某物业公司根据周某无故缺勤等行为和员工手册的相应条款作出与周某解除劳动合同决定，且事先将理由告知工会，并履行了送达义务，属合法解除。周某不服仲裁裁决起诉至人民法院，一审、二审法院经审理认为，某物业公司所举证据不能充分证明解除劳动合同行为的合理性与合法性，应承担举证不利的法律后果，判决某物业公司支付周某违法解除劳动合同赔偿金。

【理论探讨】

一、用人单位规章制度的性质

用人单位的劳动规章制度，也称工作规则、工厂规则，意指用人单位依法制定并在本单位内实施的，组织和管理劳动活动的规则和制度。对于规章制度的法律性质，由于我国劳动法律并未明确界定，劳动法学界对此问题存在不同的理解。总结而言，有关规章制度法律性质的学术观点主要有"契约说"和"法律规范说"。

主张"契约说"的学者认为用人单位的规章制度由用人单位单方制定或者变更，经过本单位劳动者同意，成为劳动契约的内容之一。在"契约说"的学术观点中，影响最大的为"劳动合同附件说"。主张"劳动合同附件说"的学者认为用人单位的规章制度是作为劳动合同的附件存在的，应定性为附合合同。"规章制度由用人单位单方面制定，从而充分发挥用人单位的支配管理权，实则构成劳动合同履行上的附合化"。❶我国台湾地区一些学者也认为工作规则本质上是一种"定型化契约"，其应当受到事前开示和条款合理原则的限制，"借着开示原则及合理原则，从程序面及实体面来监督定型化契约"。❷

主张"法律规范说"的学者则认为规章制度发生约束力的根源在于其具有法规范的性质，并不涉及劳动者的主观意志。"工厂规则的主要内容都是依据法律制定的，是法

---

❶ 丁文联："试论劳动合同附合化"，载《法商研究》1996年第6期。

❷ 刘志鹏：《劳动法理论与判决研究》，元照出版公司2000年版，第285页。

律规定内容的具体化"，"依据法律规定制定的规章制度，应该受到法律的保护，具有法律赋予的效力"。❶依据学者对法律规范权力源泉的不同理解，该说又可以进一步演化为经营权说、法律授权说和习惯法说。

笔者认为，对于我国用人单位劳动规章制度的法律性质，应综合分析：（1）从制定依据来看，一方面尊重和认可用人单位经营自主权，赋予用人单位制定劳动规章的权利；另一方面在保障劳动者权益的基础上，苛以用人单位制定劳动规章制度的义务；从这一意义上来说，用人单位规章制度具有法律规范的性质，是用人单位内部的自治性规范。（2）从制定和生效要件来看，虽然用人单位在制定劳动规章制度的过程中占主导地位，但根据法理和现行劳动法的相关规定，用人单位在制定、修改或者实施直接涉及劳动者切身利益的规章制度时，应当保障劳动者的民主参与权，应当有工会或者职工代表的全程参与，确保劳动者的知情权和话语权，以限制用人单位的滥用行为，内容合法且经过法定程序制定的劳动规章制度才具有法律效力。因此，规章制度主要由用人单位发起制定，是在法律规定的范围内结合本单位的情况，严格遵循法定程序，保障劳动者民主参与，尊重劳动者意志，以调整用人单位内

---

❶　史探径：《社会法论》，中国劳动社会保障出版社2007年版，第66页。

部劳动关系和劳动行为的自治性规范。经过法定民主程序制定且已通过适当方式向劳动者公示的内容合法合理的劳动规章制度可以作为法律渊源，在裁判劳动争议案件时予以援引。

二、严重违纪解除劳动合同的历史沿革

劳动者严重违纪，用人单位即时单方解除劳动合同这一法律制度源于我国以前实行的"除名"制度。我国《企业职工奖惩条例》第18条规定："职工无正当理由经常旷工，经批评教育无效，连续旷工时间超过十五天，或者一年以内累计旷工时间超过三十天的，企业有权予以除名"。❶

"除名"作为一项较为严厉的劳动纪律处分，在《企业职工奖惩条例》实行的年代里，对职称评级、养老保险待遇造成影响，更直接对劳动关系产生影响。一旦被用人单位作出除名决定则用人单位无须承担经济补偿的责任。1995年劳动部的《对〈关于除名职工重新参加工作后工龄计算有关问题的请示〉的复函》中对除名职工工龄计算规定，"除名职工计算连续工龄的起始时间应从各地实行职工个人缴纳养老保险费的时间为依据"。而职工缴纳养老保险前的工作年限会因为被除名而中断，进而无法作为缴费年限计算养老待

---

❶ 《企业职工奖惩条例》1982年4月10日颁布，2008年第516号主席令废止。

遇，对劳动者的影响可谓深远。除此之外，除名往往被添上了道德的颜色，被除名者再就业的过程中也会受阻，常被视为不遵守劳动纪律、工作不负责的劳动者。

劳动合同法中将劳动者与用人单位之间终结劳动关系的行为统一表述为：解除和终止。终止是指劳动合同到期后不再续签的情形。此外的终止均称为解除。解除是一个中性词，不管解除的真正原因是什么，无论错在劳动者或者用人单位都统一适用。这样的表述更有利于保护劳动者。但是，解除的原因不同各方应承担的法律后果也不尽相同。《劳动合同法》第39条规定，劳动者"严重违反用人单位的规章制度的"，用人单位可以解除劳动合同。在《劳动合同法》制定后，于2008年1月15日《企业职工奖惩条例》被国务院第516号令废止，"除名"制度正式退出历史舞台，让位于违纪解除劳动合同制度。

三、司法裁判中对规章制度的审查标准

司法审判中，审查用人单位规章制度时，是要求用人单位在规章制度中对"严重违反规章制度"的情形有客观化、标准化的具体规定。劳动合同法仅规定严重违反用人单位规章制度的，用人单位可以解除劳动合同。但是现行法律法规及相关司法解释对于"严重"并未作具体界定和解释，带来司法实践中操作上的困难。

笔者认为，在司法审判中应当对用人单位的权利进行必要限制。用人单位应当根据本单位的实际情况，在规章制度中添加明确的可以解除劳动合同的条款或明确规定何种违纪违规情形属于"严重违反规章制度"，将其客观化与标准化。而不允许用人单位在事先没有规章制度或规章制度没有明确规定的情况下，滥用其自主管理权，对"严重"进行肆意解释。客观化、标准化的情形应当符合一般意义上的"严重"程度，解除条款的内容应当具有合理性。例如用人单位雇用劳动者的目的是希望利用劳动者的劳动，为自己创造价值，若劳动者旷工或者给用人单位带来经济损失，将使用人单位的追求价值的合同目的无法实现，该情形即可认为符合"严重"程度。另外，若劳动者的违规行为明显较轻，并未达到一般意义上的"严重"程度，即使规章制度有明确规定，该规定也因不具有合理性和对劳动者不公平而无效。

规章制度是以"保障劳动者享受劳动权利、履行劳动义务"为限，超出这个范围，如涉及劳动者工作以外的行为或者婚姻家庭方面，就可能属于"违反国家法律、行政法规及政策规定"，从而得不到仲裁或者法院的支持。规章制度的范围应当把握以下几点：必须是在工作时间、工作场所内的行为规则；是与职业道德相关的内容，如诚实、职业操守方面的规定；是与劳动合同履行直接相关的，会对企业生产经营造成影响的行为规则。同时，也应当避免不符合情理常理和显失公平的规定，应当注意要符合社会

公德和社会公共习俗。**❶**

　　用人单位应当制定符合自身实际情况、具有可操作性的规章制度。不仅要有劳动者禁忌行为的表述，而且要有如劳动者发生了禁忌行为，用人单位该对其如何作出相应处理的规定。对行为和处理方式，能量化的尽量量化，能客观的尽量客观。对不同程度的违纪行为作出相应的合理的违纪处理：区分一般违纪和严重违纪的情形，特别应当列明属于用人单位可以解除劳动合同的严重违纪的情况；尽量明晰严重损害的表述，或者列明情形。

　　对于如何认定违纪行为是否严重，《劳动法》与《劳动合同法》均未有规定，对严重失职的，《劳动部办公厅关于〈劳动法〉若干条文的说明》第25条第3款规定，"重大损害"由企业内部规章来规定，而这也是符合客观事实的。因为违纪行为的严重程度或者损害程度因企业的生产内容、经营范围、劳动者岗位职责的不同而不尽相同。具体还是要根据用人单位规章制度的规定，并结合用人单位行业特点和劳动者具体工作岗位，结合各方面条件综合考量，合理判断劳动者行为是否属于严重违纪或者造成重大损害。同时应当注意，严重违纪属于劳动者主观故意，故构成严重违纪不一定需要对用人单位造成重大损害，也不

---

　　❶　栗洪豪："用人单位单方解除劳动合同的理性反思和制度完善——以解雇保护的正当性与合理性为视角"，载《安徽警官职业学院学报》2013年第1期。

一定需要达到被追究刑事责任的标准。

在判断劳动者的行为是否构成严重违纪时，还需要把握一些原则性的审查标准。第一，要尊重劳动合同的约定和用人单位规章制度的规定。劳动合同系双方当事人意思的体现，规章制度及其附件的内容亦向劳动者进行过公示或告知，因此，在劳动合同已有约定或者规章制度及其附件中对何谓严重违纪以及严重违纪的处罚方式已有规定时，应当充分尊重已有的规定，这也是对当事人意思表示及用人单位用工自主权的尊重。第二，在规章制度对涉及劳动纪律的某些事项未予规定、规定不明、规定显失合理性或者规章制度无效等情况下，法院需要在裁判中对劳动者行为是否构成严重违纪加以判断。此时，判断标准如果持之过紧，容易导致对劳动者的不公；而若持之过松，则可能导致对用人单位用工自主权的损害。因而，必须谨慎进行价值衡量，在个案中根据具体情况作出符合法律精神的利益分配。第三，注意区别对待不同行业和不同岗位所持的不同标准。如在石油公司乱扔烟头可能构成严重违纪；又如缺勤的时间，在有些岗位可能脱岗几小时即属严重违纪。

【实务评析】

一、用人单位以严重违纪为由单方解除劳动合同需要注意的事项

（一）规章制度的问题

1. 用人单位在制定规章制度的过程中必须履行民主程序

此前，虽然《劳动合同法》第4条已经明确规定用人单位在制定涉及劳动者切身利益的规章制度的过程中"应当经职工代表大会或者全体职工讨论，提出方案和意见，与工会或者职工代表平等协商确定"。但是，在司法实践中，仲裁员、法官一直以来并未对规章制度的民主程序作太多审查，以致造成用人单位轻"民主程序"、重"员工签收"的思维模式。

然而在《企业民主管理规定》出台之后，其中明确规定职代会的职权包括"审议企业制定、修改或者决定的有关劳动报酬、工作时间、休息休假、劳动安全卫生、保险福利、职工培训、劳动纪律以及劳动定额管理等直接涉及劳动者切身利益的规章制度或者重大事项方案，提出意见和建议"，在加强企业民主管理建设的大背景下，各地司法机关也随之加强对规章制度民主程序的审查力度。一旦规章制度未履行法定民主程序，根据目前的审判实践，劳动仲裁委、法院将径行认定该规章制度无效，用人单位依据

规章制度作出的解除劳动合同的行为也因此而违法。

虽然目前实务界对规章制度必须经过民主程序方才有效已经达成共识，但是，对如何履行民主程序以及履行民主程序到何种程度尚有争议，审判机关对民主程序的把握尺度也不一。

就律师的实务经验分析，一般而言，用人单位可以在规章制度制定过程中，向劳动者或职工代表征求意见，以"规章制度征询意见函"的形式，要求劳动者或者职工代表在其上书写意见并签字确认，最终由用人单位收回留存。一旦涉及诉讼，用人单位向审判机关提交该意见函即可证明已经履行民主程序，至于用人单位最终是否听取了职工意见，并不在仲裁庭或法庭的调查询问范围内。当然，在稍微严苛的地区，审判机关也可能要求用人单位提交就制定规章制度而召开职工大会或者职工代表大会的证据，用人单位也可以在召开职工大会或者职工代表人会之时，要求职工或职工代表当场填写意见函并收回，并在会场入口设立签到处，要求参会职工或职工代表逐一签字。此举既可留存征询职工意见的证据，也可留存召开民主会议的证据。

2.规章制度已合法公示或告知劳动者

在审判实务中，用人单位以严重违纪为由单方解除劳动合同，劳动者一般都会以未签收规章制度、不知悉其中内容作为抗辩。一旦用人单位无法举证证明劳动者确已签收规章制度，则将承担违法解除劳动合同的责任。

虽然法律规定"用人单位应当将直接涉及劳动者切身利益的规章制度和重大事项决定公示，或者告知劳动者"，即存在"公示""告知"两种方式，但是，根据律师的执业经验，由于公示规章制度难以留存证据，即使存有照片也难以证明该照片于何时何地拍摄，其真实性、关联性极易被劳动者否定，因此，不建议用人单位采用公示的形式，而应当尽可能选择告知的形式。

用人单位将规章制度"告知"劳动者的形式多种多样，如在劳动者入职之时要求劳动者在"规章制度签收函"中签字确认，并收回函件；或者召开规章制度宣讲会、说明会，并要求到场职工逐一签到，再由用人单位收回签到表。

因此，在实际操作中，要求劳动者签收规章制度并不困难，用人单位应当积极履行告知义务。

3. 规章制度合法、合理

如果规章制度与法律相抵触，则将被径行认定无效，用人单位据此作出的处罚决定也将被认定违法。

至于规章制度的合理性问题，只能由用人单位依据一般的社会经验来把握。庭审中，仲裁员或法官也将基于"自由心证"对规章制度的合理性作出判断，如果确信合理性缺失，则用人单位依据该规定作出的处罚决定也将被认定无效。比如"迟到10分钟属于旷工"即明显属于合理性缺失条款，据此认定职工旷工并作出辞退决定，则可能被审判机关认定为违法辞退。但是，需要说明的是，由于合理与否系主观判断，缺乏客观衡量标准，在错案追责制度的压力下，仲裁员或法官也都怠于对规章制度的合理性做判断，除非规章制度在合理性上存在显而易见的瑕疵，否则，一般不会因规章制度不合理而认定单方解除劳动合同的行为违法。

（二）违纪事实必须明确

用人单位以劳动者严重违纪为由单方解除劳动合同务必需要举证证明客观存在违纪事实，用人单位既可以要求劳动者自认违纪事实，也可以通过其他客观证据证明违纪事实。但是，如果用人单位无法证明劳动者确有违纪事实，则将被审判机关认定为违法解除劳动合同。

1.劳动者自认违纪事实

由于劳动者自认违纪事实可以大幅降低用人单位的举证难度，因此，在劳动者发生违纪行为后，用人单位应当首先要求劳动者对违纪事实进行书面确认。当然，如果该劳动者希望在用人单位继续工作，一般都会予以配合；而如果该劳动者不愿留任用人单位或者该违纪事实可能导致辞退的后果，则很难冀望其自行签字确认违纪事实。对于后一种情况，用人单位也不妨采用会谈笔录的形式固定证据。比如在劳动者违纪之后，避免直接向其告知处罚决定，以免员工出现抵触情绪，并为诉讼早做准备，而应当以员工关怀的形式邀请劳动者进行改进会谈，会谈过程中明确说明员工存在的违纪事实，提出改进建议，并以上级要求或者公司惯例为由制作会谈笔录，由劳动者签字确认，用人单位留存。

2.有客观证据证明违纪事实

如果劳动者拒绝自认违纪事实，则用人单位势必需要收集其他客观证据证明违纪事实。由于违纪行为千差万别，用人单位应当因事而异收集不同的证据。如劳动者旷工的，用人单位应当提供完整的考勤记录、打卡数据；劳动者罢工的，用人单位应当提供罢工现场的视频资料、罢工当时的产量数据；劳动者殴打辱骂他人的，用人单位应当提供受害人或其他相关人员的证人证言、视频资料。如果客观证据充分，即使劳动者矢口否认违纪事实，审判机关也会作出于用人单位有利的裁决、判决。

（三）必须事先通知工会

根据《劳动合同法》第43条的规定："用人单位单方解除劳动合同，应当事先将理由通知工会"。因此，用人单位以劳动者严重违纪为由单方解除劳动合同的，也应当履行事先通知工会的义务。2013年2月1日生效实施的《最高人民法院关于审理劳动争议案件适用法律若干问题的解释（四）》第12条明确重申用人单位未履行事先通知工会义务的，劳动者有权主张违法解除劳动合同经济赔偿金。鉴于此，各地审判机关纷纷加强了对通知工会义务的重视程度。

需要注意的还有三点：（1）设立工会的用人单位才有事先通知工会的义务，如果用人单位并未设立工会，则无须履行事先通知义务；（2）用人单位仅需将解除劳动合同的理由及事实通知工会，而无须征询工会的意见，工会无权否决辞退决定；（3）即使用人单位解除劳动合同之前并未告知工会，劳动者据此申请劳动仲裁要求经济赔偿金，用人单位只要在一审起诉前采取补救措施，依然无须承担违法解除劳动合同经济赔偿金的法律责任。

综上所述，虽然目前对事先通知工会义务从严把握，但是，在实务中，由于该通知义务仅限于已经建立工会的用人单位，且存在补救免责条款，因此，用人单位也不必过于担忧。

二、哪些用人单位需要格外注意严重违纪解除的合法性问题

（一）生产制造型企业

生产制造型企业拥有大量的一线操作工，由于一线操作工流动性大，就业口径广，即使与企业发生诉争，也可以在短时间内找到新的用人单位，对未来就业并无任何影响，

因此，一线操作工对提起诉讼并无恐惧心理。而与一线操作工相反的是，专业技术人员与管理类人员由于就业口径窄，入职审查严，考虑到未来用人单位可能会做背景调查，而是否与原用人单位发生诉讼案件又是背景调查的重点事项，此类人员为了能够继续在本行业内发展，即使认为单位辞退行为涉嫌违法，非因迫不得已，一般也不会主动提起诉讼。

此外，由于一线操作工的素养可能不高，一旦认为企业的辞退行为造成自身损害，无论辞退行为本身是否符合法律规定，都会单方提起诉讼以争取更多利益。同时，我国的司法审判又须服务地方稳定大局，即使该类人员的诉求并无法律依据，审判人员也往往希望用人单位与该类人员达成调解协议，支付一定价金，以达到息事宁人的目的，而这又变相鼓励其他类似人员发起诉讼。

（二）劳动者薪酬低于行业、地区平均水平的用人单位

由于薪酬偏低，劳动者对用人单位并无太多感情，甚至在工作过程中长期积压对企业的不满情绪，因此，稍有不满，即有可能将企业诉诸法庭。此外，由于薪酬偏低，企业也无法奢望劳动者珍惜工作机会，毕竟，即使劳动者被企业辞退，未来入职企业的薪酬也可能还高于原单位。如此，员工势必缺乏工作积极性、纪律性，甚至希望被单位辞退，并以赌徒的心理将单位诉诸仲裁，主张违法解除劳动合同经济赔偿金，能得则得，不得则已。

（三）初创型企业

初创型企业重"经营"、轻"管理"，无力构建成熟的管理体系，因此，在人事管理过程中往往随意而为、因事而异，造成错漏百出的局面。初创型企业尤其要注意对人事管理人员的选任与培训，称职的人事经理可以为企业无限节流，而不称职的人事经理则可能让企业付出难以预期的代价。

经济补偿条款与竞业限制协议认定规则

【本文要旨】

竞业限制制度系为保护企业的商业秘密而产生。随着全球一体化进程的加快和社会经济的进步，各种企业对高水平人才的需求日益增长，社会人才流动也越来越频繁，这一现象凸显了企业与员工之间签订竞业限制协议的必要性。然而，竞业限制制度在保护企业利益的同时不可避免地会在一定程度上限制劳动者的利益和公共利益。经济补偿作为平衡双方利益的核心要素，对于竞业限制协议效力的影响十分重大。由于我国的竞业限制制度起步较晚，我国有关经济补偿对竞业限制协议效力影响的立法与司法实践中尚存在诸多问题，并不是十分统一和完善。而竞业限制协议效力判断机制的完善又关乎广大劳动者和企业的切身利益，也关乎市场有序竞争和社会健康发展的公共利益。因此，如何认定经济补偿条款对于竞业限制协议效力的影响至关重要。对离职竞业禁止案例的系统化整理和分析表明，采取赋予雇员约定或法定的竞业补偿请求权的"有效说"之法律设计为妥，对此合同双方可协议补充，不能达成补充协议的，离职雇员享有符合法定标准的竞业补偿请求权，且补偿应符合"法定最低标准"并在综合考虑竞业限制的范围、地域、期限下"不能不合理降低劳动者原有的生活水平"。

【案情简介】

陈某等13人原为A教育公司员工，入职时曾与A公司签署了劳动合同、《商业秘密保密与竞业限制协议》。《商业秘密保密与竞业限制协议》约定，员工离职后6个月内应当履行竞业限制义务，但未约定竞业限制补偿金支付标准。2013年7月12日，陈某等13人通过EMS集体向上诉人递交统一格式的"辞职信"，表述为"由于个人原因，我经过深思熟虑，现决定辞职"。A教育公司于2013年7月24日向员工发出回复函，要求员工完成工作交接，根据《商业秘密保密与竞业限制协议》的约定，要求员工履行竞业限制义务，并同意按照劳动合同解除前12个月平均工资的30%支付竞业限制补偿金。此后，陈某等13人集体入职A教育公司竞争企业工作。2013年8月12日，陈某等13人向厦门市劳动争议仲裁委员会申请仲裁，提出确认《商业秘密保密与竞业限制协议》中有关竞业限制的内容无效、无须履行竞业限制义务、支付解除劳动合同经济补偿金、加班工资、年休假工资、补缴社会保险费、2倍工资差额等仲裁请求。厦门市劳动争议仲裁委员会审理后，裁决确认《商业秘密保密与竞业限制协议》中竞业限制的约定无效，并驳回员工其他仲裁请求。A教育公司、员工均不服仲裁裁决，向厦门市思明区人民法院提起诉讼，法院依法合并审理，判决结果为员工应当履行竞业限制义务、驳回其他诉讼请求。员工不服一审判决，向厦门市中级人民法院提起上诉，厦门市中级人民法院以违反法定程序发回厦门市思明区人民法院重审。厦门市思明区人民法院重新审理此案，判决结果为《商业秘密保密与竞业限制协议》中有关竞业限制的内容无效、无须履行竞业限制义务。A教育公司不服一审判决，向厦门市中级人民法院提起上诉，最终判决结果为：驳回上诉，维持原判。

【审理结果】

二审法院认为《商业秘密保密与竞业限制协议》中约定了员工应该遵守的业务限制事项，但未约定竞业限制补偿金标准。根据《劳动合同法》第26条第1款第（2）项的规定，"下列劳动合同无效或者部分无效：……（二）用人单位免除自己的法定责任、排除劳动者权利的"，A教育公司与员工签订的协议中关于竞业限制的内容公司只享有权利，而排除了义务，违反了法律规定的公平原则，因此，双方签订的《商业秘密保密与竞业限制协议》中有关竞业限制的内容无效。至于A教育公司表示已经支付员工竞业限制补偿金，但员工对该款项的性质予以否认，且A教育公司主张的竞业限制补偿金的标准及支付行为均系其单方行为，不能视为员工同意该补偿标准并同意履行竞业限制义务。因此，A教育公司与员工签订的《商业秘密保密与竞业限制协议》中有关竞业限制的内容无效，员工无须遵守。

【理论探讨】

一、经济补偿条款对竞业限制协议效力影响争议观点综述

目前，国内对于经济补偿条款对于竞业限制协议效力影响的主流观点，归纳起来大致有以下几种：（1）无效说。此说认为未约定经济补偿条款的竞业限制协议无效，对协议双方均不产生拘束力。（2）有效说。该说认为经济补偿条款并非为竞业限制协议的生效要件，未约定经济补偿条款的竞业限制协议仍然有效，对协议双方仍然具有约束力。（3）单方无拘束力说。我国目前虽仅有少部分学者持此观点，但其认为"单方无拘束力说"是《最高人民法院关于审理劳动争议案件适用法律若干问题的解释（四）》所表达出的观点，因此也纳入讨论范围。单方无拘束力说由德国创立，认为未依法约定经济补偿的竞业限制协议对于劳动者单方无拘束力，劳动者可以选择遵守协议，并据此主张相应的权利，即劳动者可以选择遵守不竞业义务，亦可以选择不遵守，拥有完全的自主选择权。而

企业不得依据协议主张任何权利。

目前国内持"无效说"观点的学者，从公平正义与利益平衡的角度考虑认为，未约定经济补偿的竞业限制协议违反"保障劳动者及其家庭生存权"之公共政策而无效。也有的学者认为认定未约定经济补偿条款的竞业限制协议有效，实际上增加了劳动者的维权成本。在各地的"地方立法"中，广东省、江苏省的立法均支持"无效说"的观点。台湾地区对此问题存在争议，但是已有判例认为未约定经济补偿的竞业限制协议违反公序良俗原则，应属无效。

"有效说"的观点主要认为：一则保护了雇员与雇主各自的利益；二则使雇员不履行不竞业义务失去了可以凭藉的借口，对于普遍存在的离职雇员的竞业行为予以遏制，实践中以上海市的立法为典型。我国台湾地区亦有判例观点认为：竞业限制协议对价非契约之效力要件，只是法院审酌违反竞业限制违约金时，得将其列为考虑因素。

二、赋予雇员约定或法定的竞业补偿请求权的"有效说"合理性分析

在对判例进行实证分析的基础上，立足于我国国情，结合地方法规、意见，综合权衡"无效说"和"有效说"的利弊，认为目前采取赋予雇员约定或法定的竞业补偿请求权的"有效说"的法律设计为妥。这具有多重理由，试分述如下。

1. 有利于维护社会公共利益——市场的公平竞争秩序

本文案例中的情况充分反映了实践中离职雇员因知识产权意识淡薄而普遍违反竞业协议的现实。雇主不约定经济补偿的行为固然值得非难，认定未约定补偿金的竞业限制条款无效，会导致失去法律设立竞业限制义务的意义，不利于建立正常有序的市场，保护企业的合法权益。鉴于雇员侵犯商业秘密的普遍现象，笔者认为，目前应以认定未约定经济补偿的竞业协议有效为妥，这样不但可以增强竞业协议对离职雇员履约的"震慑力"，而且可以维护市场的公平竞争秩序。

2. 可以衡平劳资双方的权益

该法律设计可以充分兼顾劳资双方的权益并克服采"无效说"和"有效说"的司法案例所存在的不足。认定竞业协议有效能够改善其在现实中对雇主权益保护不足的状况，不仅可以有力遏制上述雇员离职后侵犯商业秘密的普遍现象，而且有利于雇主借助竞业协议加强保护商业秘密，从而间接避免"维权难，胜算低"的商业秘密侵权之诉。认定有效并同时确保事后约定的或法定的竞业补偿请求权，既可以避免单务、无偿的竞业协议，也可以弥补"无效说"导致竞业补偿请求权基础丧失的法律缺陷，避免那些有侵害意思自治原则之嫌的采"有效说"的案例，即法院在无任何约定或法定的竞业补偿的情形下，以近乎拟制的方法为雇员"创造"竞业补偿请求权，既可以充分尊重当事人的意愿，也可以有效避免讼累。

3. 存在一定的"地方立法"基础

下述意见和纪要不全属于形式意义上的地方立法，但由于其代表目前劳动争议集中地区的司法实务意见，其参考意义不容忽视。《深圳经济特区企业技术秘密保护条例（2009年修订）》第17条第1款第2句、上海市高级人民法院《关于适用〈劳动合同法〉若干问题的意见》第13条和北京市劳动和社会保障局、北京市高级人民法院《关于劳动争议案件法律适用问题研讨会会议纪要》第39条第1款均规定，未约定经济补偿的竞业协议有效并赋予雇员事后约定的或法定的竞业补偿请求权。与持"有效说"的地方意见旗鼓相当，广东省高级人民法院、广东省劳动争议仲裁委员会《关于适用〈劳动争议调解仲裁法〉、〈劳动合同法〉若干问题的指导意见》第26条第2句、浙江省劳动争议仲裁委员会《关于劳动争议案件处理若干问题的指导意见（试行）》第31条第1款和江苏省高级人民法院、江苏省劳动争议仲裁委员会《关于审理劳动争议案件的指导意见》第13条第1款均认定无经济补偿的竞业协议无效。值得注意的是，广东省与浙江省、江苏省严格认定无效的意见存在细微差别，笔者认为，从其"至工作交接完成时，用人单位尚未承诺给予劳动者经济补偿的，竞业限制条款对劳动者不具有约束力"的文义可以看出其试图通过给予雇主一定的"补正"期限使竞业协议符合法定要件而有效，其潜藏的不轻易认定竞业协议无效之意溢于"文"表。基于以上调研分析，笔者认为，目前地方的主流意见是不轻易认定未约定经济补偿的竞业协议无效，尽量从兼顾劳资双方利益的角度出发肯定其效力并赋予离职雇员事后约定的或法定的竞业补偿请求权。因此，此种"法律设计"有一定的"地方立法基础"，存在被接受和推广的可能性。

4. 符合现行法律法规

根据合同法原理，原则上竞业协议于双方当事人意思表示真实一致时成立即生效。笔者认为，从学理上分析，该法律设计符合现行法律法规，与之不相冲突。

（1）根据《劳动合同法》不能得出无效的结论。

由于《劳动合同法》第23条第2款第1句未将"约定经济补偿"规定为竞业协议的生效要件，因此不能简单据此认定未约定经济补偿的竞业协议无效。同时，也不能根据《劳动合同法》第26条认定未约定经济补偿的竞业协议无效。因为该调整劳动合同无效或者部分无效的规定并不适用于独立于劳动合同的竞业协议，竞业限制作为特定的法律制度，其约定形式即无论竞业条款是规定于劳动合同之中，还是以单独协议存在，均不能抹杀其独立于劳动合同的本质属性。鉴于该独立性，以《劳动合同法》第26条第2项规定的"用人单位免除自己的法定责任、排除劳动者权利的"情形而认定竞业限制条款或协议无效的做法值得商榷。

（2）依据《合同法》也不能得出无效的结论。

首先，就作为必要之点的经济补偿未达成合意并不必然导致竞业协议因不成立而无效。通常来说，当事人就必要之点未达成合意时，合同不成立。然而，早有德国学者和判例对此作出限制性解释，认为即使当事人就合同必要之点未达成合意，合同也可以成立，但前提是当事人仍有受合同拘束的意思且该漏洞事后可以通过法律或法官得到填补。这种在必要之点可填补的基础上尊重意思自治而认定合同成立并生效的处理模式对我国法律而言并不陌生，且已得到印证，如《合同法》第159条并未认定未约定价款的买卖合同无效，而是规定可以根据该法第61条、第62条第（2）项事后确定价款。《劳动合同法》第18条也没有简单使对劳动报酬约定不明确的劳动合同无效，而是可以通过事后协商或参照相关规定确定。反观竞业协议，经济补偿并非不可填补的要素，完全可以在尊重当事人意愿的基础上认定未约定经济补偿的竞业协议有效并通过事后约定的或法定的竞业补偿请求权来填补该要素。

其次，不宜简单依照《合同法》第52条第（4）项认定未约定经济补偿的竞业协议无效。因为社会公共利益的内涵和外延不确定，极易被误解或滥用，如果不考虑个案中的具体利益状况，径行以损害社会公共利益为由对此作出无效的评价，难免会产生不公平的结果。雇主不约定经济补偿固然值得非难，但难谓有损社会公共利益，相反，动辄认定未约定经济补偿的竞业协议无效，反而会因忽视现实中雇员离职后侵犯商业秘密的普遍现象而损害社会公平竞争的秩序利益。因此，为了不至于使设计竞业限制制度的最初目的——保护企业的商业秘密——轻易落空，笔者认为还是通过维持竞业协议的效力并赋予雇员事后约定的或法定的竞业补偿权来矫正这一缺陷为妥，从而达到兼顾和平衡劳资双方权益的效果。

最后，根据《合同法》第52条第（5）项"违反法律、行政法规的强制性规定"不能得出无效的结论。目前尚无行政法规的强制性规定调整竞业补偿的约定。至于《劳动合同法》第23条第2款第1句是否为强制性规定，尚有疑义。笔者认为，即使考虑到《劳动合同法》出台前有关竞业限制的重要立法均规定用人单位应当支付竞业补偿的背景，将该句解释为强制性规定，也不应当简单据此认定未约定经济补偿的竞业协议无效，具体理由如下。

最高人民法院《关于适用〈中华人民共和国合同法〉若干问题的解释（二）》第14条、《关于当前形势下审理民商事合同纠纷案件若干问题的指导意见》第15～16条，以及《充分发挥民商事审判职能作用为构建社会主义和谐社会提供司法保障》的"关于合同无效的认定问题"部分。细察这些规定可以发现，最高人民法院现在的裁判思路是，在权衡相互冲突的利益基础上，通过探求被违反的强制性规定的意旨即规范是否意欲影响法律行为的效力，来限制法院动辄以违反法律强制性规定为由否定私法行为效力的行为。笔者认为，最高人民法院关于适用《合同法》第52条第（5）项的裁判思路可以运用于判定未约定经济补偿的竞业协议效力的问题上。因为《劳动合同法》第23条第2款第1句并没有明确规定未约定经济补偿的竞业协议无效，所以它属于本身未明确规定违反自身规定将导致民事行为无效的强制性规定。在权衡劳资双方相互冲突的利益基础上，通过探寻该规定的立法意旨来判断为了达到规定的目的是否有必要否定竞业协议的效力。《劳动合同法》第23条第2款第1句之所以要求雇主"并约定"经济补偿，恰恰是为了在保护雇主的商业秘密和维护雇员的自由择业之间取得平衡，旨在积极督促雇主约定并支付竞业补偿，从而最终达到保护商业秘密的目的。若简单认定未约定经济补偿的竞业协议无效，则会违背该规定的初衷，无效的法律后果既不利于雇主也不利于雇员。因此，笔者认为，不草率根据《合同法》第52条第（5）项认定未约定经济补偿的竞业协议无效，更符合《劳动合同法》第23条第2款第1句的意旨，也能更好地发挥竞业限制制度的功能。

【实务评析】

结合律师实务，对用人单位竞业限制管理提出如下建议。

一、检查已有的劳动合同或规章制度是否由于模板而有竞业限制条款，清理不必要的条款

通过对法院判例的分析，能看出有些用人单位的劳动合同以及规章制度就是从网上直接套用的模板，一些本不该采用竞业限制的人员也由于劳动合同模板或者规章制度模板而产生劳动争议，而这种情况往往是最容易避免的。

二、根据用人单位实际情况制定竞业限制协议

（1）明确竞业限制协议的主体。按照法律的规定，竞业限制一般限定在高级管理人员、高级技术人员和负有保密义务的人员。如果劳动者不属于高级管理人员、高级技术人员，可以采取约定为其他负有保密义务的人员的方式解决。

（2）明确竞业限制的期限、范围、领域。竞业限制的期限不得超过2年，超过的部分无效，用人单位结合自身需要合理确定竞业限制期限；明确竞业限制的地域范围，是全球、全国还是某个省区市；明确竞业限制的领域是某个领域还是跨领域；如有竞争公司的名称，用人单位可直接将竞争公司名称及关联公司列明在竞业限制协议中，减轻举证负担。

（3）合理确定竞业限制补偿标准及支付形式。结合用人单位实际，确定合理的竞业限制补偿标准，虽然司法解释未对用人单位与劳动者约定竞业限制补偿的标准和数额

作具体限制，但建议用人单位尽量按照不低于劳动者离职前12个月平均工资的30%且不低于履行地最低工资的标准确定经济补偿。同时，明确双方的支付形式，并约定劳动者未收到经济补偿时的反馈措施，避免风险。

（4）明确违约金标准。违约金的数额和计算方式尽量明确，例如违约金10万元人民币或以员工离职前12个月平均工资的一定倍数计算，尽量避免"赔偿全部损失""赔偿所得收益"之类的用语。同时，可以约定较高的违约金标准，但避免约定畸高的违约金标准，因为法院一般会调整畸高的违约金，而较高的违约金不排除法院直接认可。

（5）合理的检查方式。用人单位可要求劳动者在一定期限内提供与新入职单位签订的劳动合同、社保缴费记录、纳税记录等信息，以便检查劳动者是否按约履行竞业限制义务。

（6）明确送达方式。明确劳动者的送达地址及送达规则，避免因无法送达而造成纠纷。

三、离职时办理好交接手续，明确是否履行竞业限制义务

是否要求劳动者履行竞业限制的主动权在用人单位，用人单位一般在劳动者离职前就需要明确劳动者是否需要履行竞业限制义务，若不需要的，应告知劳动者并保留相应的证据。同时，若用人单位与劳动者涉及的劳动纠纷包

含其他诉求，也可考虑采用无争议条款解决竞业限制问题，但需列明无争议条款范围包含竞业限制。

四、若因竞业限制协议发生劳动纠纷的，用人单位应积极收集证据

涉及劳动者违法竞业限制协议的证据主要包括：劳动者的社保缴费记录、完税证明（前两项需要申请法院调取）、劳动者新用人单位经营范围（可登录全国企业信用网进行查询）、新用人单位的公司网页（一般需要公证，补强证明新用人单位的经营范围）、与劳动者的电话录音等。同时，用人单位还需根据案情需要考虑聘请专业律师等。

涉外劳动用工法律风险分析

【本文要旨】

在我国就业的外国人劳动争议案件的法律适用在司法实践中面临如下几点问题：第一，未办理外国人就业证的外国人与用人单位的关系定性问题。第二，在我国就业的外国人的劳动争议案件中，如何处理法律的强制性规定与意思自治的冲突问题。如果外国人与境内用人单位成立劳动关系，则应当遵循我国劳动法律法规确立的强制性劳动标准。第三，我国劳动法律法规特别是劳动合同法中不适用于外国人的强制性劳动标准，应通过立法予以明确。

【案情简介】

黄某，美国籍，2011年5月1日入职甲公司，任职市场部总监。甲公司为其办理了"外国人就业证"变更手续，黄某在甲公司工作至2013年1月25日，双方于当日解除劳动关系。黄某以甲公司与其违法解除劳动合同为由，诉至北京市海淀区劳动仲裁。经仲裁裁决后，黄某与甲公司均对裁决结果不服，故诉至北京市海淀区人民法院，要求甲公司支付2011年6月1日至2012年5月1日未书面签订劳动合同的双倍工资差额；2011年5月至2013年1月25日违法解除劳动关系赔偿金、未休年休假及加班工资。

【审理结果】

一审法院经审理后，仅对黄某的违法解除劳动关系赔偿金予以支持，驳回了黄某的其他诉讼请求。

【理论探讨】

对于本案中，外国人来华就业的相关法律风险问题，笔者拟作出进一步的探讨。近年来，在我国就业的外国人劳动争议案件呈现不断增长的态势。我国劳动立法目前与外国人劳动关系相关的规定主要是1996年制定的《外国人在中国就业管理规定》，主要涉及外国人在我国就业的行政许可问题。由于该规定颁布时间较早，已无法与最近几年迅速发展的劳动立法衔接，使得外国人在我国就业劳动争议案件的法律适用成为司法实践中的难点问题。虽然最高人民法院《关于审理劳动争议案件适用法律若干问题的解释（四）》（以下简称《劳动争议司法解释（四）》）对司法实践中出现的部分问题进行了规范，但仍有不足。

一、外国人就业证与劳动法适用之关联性

外国人在我国就业的劳动争议案件面临的第一难题是

在程序法及实体法上如何处理未办理就业证的外国人的劳动争议。司法实践中，一种做法是将这类案件作为民事案件处理，排除劳动法的适用，使得该类案件在程序法和实体法上与劳动争议案件相区别。另一种做法则是将该类案件作为无效劳动关系处理，劳动法规在程序上和实体上得以部分适用。各地劳动立法或司法指导意见对该问题的处理方式不同，背后是其倚仗的劳动法基础理论有别。

（一）外国人就业证与"劳动者"的适格性

在我国劳动法理论中，"双适格"标准可谓一大特色。按照这一理论，劳动法上的"劳动者"与"用人单位"必须具备相应的适格要件。不合格的用人单位被视为"非法用工主体"，不适格"劳动者"也被排除在劳动法的保护范围之外。尽管学者对"双适格"标准，特别是对用人单位"适格"多有批判，但近几年出台的劳动立法，如《劳动合同法》《工伤保险条例》等已逐步将传统上的不适格主体纳入劳动法的适用范围。

外国人就业劳动关系的特殊问题与该"适格"问题有一定的关联。与本国公民相比，国家通过更严格的手段对外国人的劳动关系进行管理和控制。这种管理和控制主要以对用人单位颁发"外国人就业许可证"，对外国人颁发"外国人就业证"为手段。按照《外国人在中国就业管理规定》，被聘用的外国人必须依法办理"外国人就业证"

方可就业。这种对身份的审批程序被视为劳动者"适格"的要件，即外国人除具备本国劳动者应具有的资格外，还必须具备符合该行政管理规章设定的条件，才能满足作为劳动法上的"劳动者"资格。换言之，如果没有取得"外国人就业证"，则该外国人就不满足作为劳动者的"适格性"，其与用人单位发生的劳动争议应当作为基于民法上的雇用关系而产生的争议处理。以上海市为例，2007年3月上海市高级人民法院、上海市劳动局联合发布的《关于审理劳动争议案件若干问题意见》规定，"外国人和港、澳、台人员未经获准，擅自就业发生纠纷的，劳动争议仲裁委员会和人民法院均不予受理"。上海市劳动仲裁机构对于未取得就业许可证和就业证的外国人在境内就业引发的纠纷，均视为非劳动争议不予受理。

（二）外国人就业证与劳动关系的判定

司法实践中的另一种做法是不将"外国人就业证"问题视为劳动者"适格"问题，排除劳动法的适用，而是认为该劳动合同因违反强制性规定而无效。在外国人就业同样较为普遍的广东省，《广东省高级人民法院、广东省劳动争议仲裁委员会关于适用劳动争议调解仲裁法、劳动合同法若干问题的指导意见》规定，将外国人未依法办理"外国人就业证"而签订的劳动合同视为无效劳动合同，并同时规定，外国人、港澳台地区居民已经付出劳动的，由用人单位参照合同约定支付劳动报酬。在具体的案件中，劳动合同的主体不适格与劳动合同无效的法律后果经常被混淆。主体不适格根本就不会产生劳动法的适用问题，而劳动合同无效则依照《劳动合同法》第26条产生相应的法律后果。

将是否取得《外国人就业证》作为劳动者的"适格"要件与将此类合同作为无效劳动合同处理，二者在法律效果上的差异极大。从程序上看，如将"外国人就业证"作为"适格"要件，该类案件根本无法适用劳动争议处理程序，当事人只能直接向人民法院起诉，如将此类案件作为无效劳动合同处理，则意味着劳动争议仲裁机构可以根据《劳动法》第18条裁决劳动合同无效。从实体法上分析，如果采"双适格"理论，该类案件应该被视为民事关系，双方之间的劳动合同只要不违反法律强制性规定、以合法形式掩盖非法目的、损害社会公共利益，一般都认为是有效的，这就意味着双方约定的经济补偿金、解除合同的待通知金或合同约定的违约条款等均有效。而对于无效劳动关系，按照我国《劳动合同法》的规定，"已经付出劳动的，可参照合同约定支付劳动报酬"，但合同上的其他约定均归于无效，劳动者也无法享受劳动法上的其他利益。《劳动争议司法解释（四）》第14条第1款规定，"外国人、无国籍人未依法取得就业证件即与中国境内的用人单位签订劳动合同，以及香港特别行政区、澳门特别行政区和台湾地区居民未依法取得就业证件即与内地用人单位签订劳动合同，当事人请求确认与用人单位存在劳动关系的，人民法院不予支持"。该款的规定很明显是受到"双适格"理论的影响，即认为外国人作为劳动者"主体"不合格，双方并不存在劳动关系，因此，双方之间的关系应当由民事法，特别是合同法予以调整，这意味着双方之间的其他约定，只要不存在导致合同无效的因素，都应当视为有效，得以履行。需要特别注意的是，最高人民法院2012年6月28日公布的《劳动争议司法解释（四）（征求意见稿）》第18条，除规定了现有第14条第1款的内容外，还规定了"外国人、无国籍人以及台港澳地区居民已经付出劳动的，可参照合同约定支付劳动报酬"，实际上是混淆了民事关系与"无效劳动关系"的法律后果。《劳动争议司法解释（四）》最终删除了该款规定，说明最高人民法院还是认同了"不存在劳动关系"不应产生"无效劳动关系"的法律后果。笔者认为，以往司法实践中将未取得"外国人就业证"的外国人劳动关系作为无效劳动关系处理的做法，由于与《劳动争议司法解释（四）》的规定相悖，应当不再实行，并且，《劳动争议司法解释（四）》的规定对劳动仲裁机构也有指导意义，今后劳动争议仲裁委员会应当对没有"外国人就业证"的外国人的争议案件不予受理，因为这类案件不适用劳动法律法规，应直接去人民法院起诉。

（三）外国人已办理"外国人就业证"但无劳动关系的法律适用

按照《外国人在中国就业管理规定》的要求，凡是在中国境内工作的外国人，均需办理就业证，但并非办理了就业证的外国人都与内地用人单位存在实质上的劳动关系，特别是受外国母公司指派到中国工作的外国人，由于其与境外母公司、境内子公司之间关系较为复杂，因此在双方发生劳动争议后，法院是否应当依据我国劳动法律法规予以裁判，还必须根据实际情况予以分析。法官在处理此类案件时须努力还原整个劳动关系的真实面目，即明确境外母公司、境内子公司与外籍员工三方之间的关系。一般情况下，外籍员工与境外母公司签订劳动合同在先，派至中国工作在后，既可能与中国的子公司签订劳动合同，也可能没有签订劳动合同。因此，仅凭判断双方是否存在劳动合同不足以判断劳动关系的存在，仍然需要遵循劳动法理论中的"从属性"原则，即劳动关系以人格上的从属性为主，经济上的从属性为辅的判断标准。如本案中的情况，外籍员工的工作并不受中国境内子公司的指令，可以认为是双方并不存在劳动关系的核心标准，至于发放工资则只是作为辅助判断标准。正如有学者所言，不能仅仅因为外籍员工为中国境内的子公司工作就认定其与中国境内的子公司间存在劳动关系。还需要考虑的是，如确认外籍员工与境外母公司之间存在劳动关系，应该如何适用法律，有学者认为，这种情况应当出台司法解释予以明确。笔者认为，在此类案件中，考察外国劳动者与中国境内的子公司是否存在劳动关系非常关键。如果劳动者起诉中国境内的子公司，法院认定该劳动者与中国境内的子公司不存在劳动关系，可以驳回劳动者的诉讼请求；如果劳动者起诉境外的母公司，应根据《涉外民事关系法律适用法》第43条的规定，"劳动合同，适用劳动者工作地法律难以确定劳动者工作地的，适用用人单位主营业地法律"，确定适用的法律。如果劳动者主要在中国工作，则法院可以根据中国劳动法予以裁判；如果合同履行地难以确定，而外国母公司虽位于境外，但在我国境内有代表机构或可供扣押的财产，也可以适用用人单位主营业地法律。如果以上条件均不具备，则我国法院对该类争议不具有管辖权，应当驳回起诉。同理，境外母公司向在我国境内的外国劳动者住所地人民法院起诉，如双方就竞业禁止义务发生劳动争议，法院必须受理。在审理时，应当根据《涉外民事关系法律适用法》的规定确定适用的实体法。但应当注意的是，此类案件不属于我国劳动仲裁机构的受案范围，故不适用劳动仲裁前置程序。

二、外国人就业的劳动关系与劳动合同法之适用

按照《外国人在中国就业管理规定》第23条规定，"在中国就业的外国人的工作时间、休息休假、劳动安全

卫生以及社会保险按国家有关规定执行"。如双方发生劳动争议，应按照《中华人民共和国劳动法》和《中华人民共和国企业劳动争议处理条例》处理。对于2007年出台的《劳动合同法》对外国人的劳动关系是否可以适用，尚没有其他法律法规对此作出规定。由于当前立法对此规定的不明确，导致各地司法机关在审理相关案件时适用法律不一，甚至出现同一地区在同一时期适用法律上相互矛盾的情况，致当事人对司法缺乏稳定预期，严重影响法律的公正与统一。遗憾的是，新出台的《劳动争议司法解释（四）》同样没有明确该重要问题，使得这一司法空白继续存在。

上海市地方性法规规章对外国人劳动关系的处理在2011年之前基本上采取听任双方意思自治的立场。上海市劳动局1998年4月14日制定的《关于贯彻外国人在中国就业管理规定的若干意见》第16条规定，"用人单位与获准聘雇的外国人之间有关聘雇期限、岗位、报酬、保险、工作时间、解除聘雇关系条件、违约责任等双方的权利义务，通过劳动合同约定"。上海市劳动和社会保障局2004年4月17日出台的《关于实施上海市劳动合同条例若干问题的通知》第26条规定，"获准在本市行政区域内就业的外籍人员和台湾、香港、澳门人员的劳动权利义务，由用人单位的董事会或者管理机构确定后，在劳动合同中加以约定"。在司法实践中，2006年上海市高级人民法院作出《关于审理劳动争议案件若干问题的解答》（沪高法民一〔2006〕17号），就在我国就业的外国人适用我国劳动标准的问题对全市法院提出了指导性意见，《外国人在中国就业管理规定》规定最低工资、工作时间、休息休假、劳动安全卫生、社会保险等方面的劳动标准，当事人要求适用的，劳动争议处理机构可予支持。其他事项有约定则从约定，无约定要求适用我国有关劳动标准和劳动待遇要求的，劳动争议处理机构不予支持。上海法院审理该类案件，通常将外国人与用人单位的劳动权利与义务视为双方可约定的合同事项，从而排除了《劳动合同法》甚至是《劳动法》在相关劳动标准上的强制性规定。实践中，最典型的是用人单位非法单方解除劳动合同，法院常以双方有约定从约定，无约定则不能适用我国劳动标准作出对外国劳动者不利的判决。上海市第二中级人民法院发布的《2011年劳动争议审判白皮书》认为，按照《劳动合同法》第26条的规定，劳动合同条款违反法律、行政法规等强制性规定的无效。根据上位法优先于下位法、新法优先于旧法的法律适用原则，用人单位根据《外国人在中国就业管理规定》与外籍劳动者自行约定的劳动标准条款，如果有违反法律强制性规定的情形，则被认定为无效。换言之，双方之间就合同解除、违约金等事项之约定如违反《劳动合同法》的规定，应视为无效。这是法院系统第一次公开对该问题进行法理上的阐释，明确表示自行约定的劳动标准条款应当遵循《劳动合同法》。但是，在收集到的该院2011～2015年的裁判文书中，笔者发现一些判决并未遵循该意见，仍主张在《外国人在中国就业管理规定》规范的最低标准适用意思自治原则。其他省市对外国人劳动关系使用我国《劳动法》及《劳动合同法》持更为开放的态度。如《广东省高级人民法院、广东省劳动争议仲裁委员会关于适用劳动争议调解仲裁法、劳动合同法若干问题的指导意见》规定，"外国人、港澳台地区居民在中国内地就业产生的用工关系应按劳动关系处理。外国人、港澳台地区居民未依法办理《外国人就业证》《台港澳人员就业证》的，应认定有关劳动合同为无效劳动合同。外国人、港澳台地区居民已经付出劳动的，由用人单位参照合同约定支付劳动报酬"。由此可见，在司法实践中合法的外国人就业产生的劳动关系适用包括《劳动合同法》在内的法律法规。

在外国人适用《劳动合同法》的问题上，分歧的核心是意思自治原则与法定标准之争。实践中，外国人的劳动合同最常见的约定事项是合同解除条件，而这恰恰是《劳动合同法》为劳动者提供的核心利益。支持意思自治原则的一方认为，第一，《劳动合同法》规定劳动合同不得约定解除条件，主要是基于保护处于弱势地位的劳动者的考虑。但是大多数的外国劳动者普遍具有较高的学历层次和专业技术，往往在用人单位担任总经理或高级管理人员职务，其沟通谈判能力远远高于普通劳动者，所以对双方约定的解除条件予以认可并不会造成权利滥用的后果。第二，劳动合同脱胎于民法，因而意思自治原则在劳动合同领域也有适用的空间，允许外国人的劳动合同约定合同解除条件，有助于保障涉外劳动力市场的灵活性和协调涉外劳动关系。反对方则认为，我国《劳动合同法》对于用人单位解聘权的限制是劳动法社会法属性的体现，带有公法的强制性色彩，劳资双方不能通过合同约定的方式来加以规避。外国人与我国境内的用人单位缔结劳动合同，当然受我国劳动合同法的规制，即使是涉外劳动合同关系，对于用人单位的解聘权进行约定也不能违反《劳动法》和《劳动合同法》的规定。

从法理上分析，外国人就业劳动关系的法律适用还会涉及法律冲突的问题，在国际私法上一般适用最密切联系的原则。外国劳动者获准在中国就业，与中国的用人单位签订劳动合同，最密切联系地为中国，应当适用中国的法律。从法律规定看，《劳动法》《劳动合同法》《劳动争议调解仲裁法》均规定了我国境内的用人单位与劳动者建立劳动关系、劳动合同关系、发生劳动争议适用的法律实际上也是将外国人就业的劳动关系包括在内的。《外国人在中国就业管理规定》规定外国人与用人单位的劳动争议适用《劳动法》与《劳动争议调解仲裁法》，《劳动合同法》作为最重要的实体劳动法，理应适用才符合规定的基本精神。另外，《劳动合同法》已经对意思自治原则的适用划定了明确的范围。对于用人单位解雇权的限制，是法律提供给劳动者的保障性利益，这种保障未就劳动者的谈判能力予以区分，因此，对外国劳动者也不能以此为理由拒绝适用。实际上，《劳动合同法》的适用将增强对外国劳动者的保障力度，不仅不会损害涉外就业市场的弹性，而且有利于增加外国劳动者的信心，从而保障涉外就业市场的竞争力。基于此，笔者建议《劳动争议司法解释（四）》应增加如下规定："外国人、无国籍人以及台港澳地区居民依法办理'外国人就业证''台港澳人员就业证'在中国内地就业，与用人单位发生劳动争议，双方之间存在实质性劳动关系，应按照我国劳动法律法规进行处理。"

三、外国人劳动关系适用《劳动合同法》的制度对接

如上文所分析的，外国人与我国内地用人单位发生的劳动争议应当可以适用《劳动合同法》，但由于外国人就业属于我国政府严格管制的范畴，这种管制就与《劳动合同法》的适用存在冲突。因此，实有必要探讨外国人劳动关系适用《劳动合同法》中的特殊问题，以便实现未来制度上的合理对接。

（1）未签订劳动合同适用双倍工资罚则问题。持有"外国人就业证"的外国人，主张用人单位未与其订立书面劳动合同的，能否适用《劳动合同法》的双倍工资罚，则有学者主张这种情况不能支持双倍罚则。其理由是，根

据《外国人在中国就业管理规定》，用人单位与被聘用的外国人签订的劳动合同是外国人取得"外国人就业证"的必备条件之一，有"外国人就业证"必有劳动合同，因此，该问题是一个伪命题，对双倍工资差额的申请请求应不予支持。其实这种理解误读了"外国人就业证"办理的程序。如果外国人是由母公司派遣至在中国境内的子公司工作，其与子公司之间不一定要有劳动合同，即可办理"外国人就业证"，一旦双方发生纠纷，能否适用《劳动合同法》的双倍罚则实有讨论的必要。笔者认为，外国劳动者与内地用人单位未签订劳动合同，不应适用双倍工资罚则。理由有二：第一，如前所述，持有"外国人就业证"而与内地用人单位没有劳动合同，一般属于外国母公司派遣到中国的子公司工作之情形，故其与中国境内的子公司之间是否存在实质劳动关系，还需要仲裁机构或法院依据"从属性"原则予以判断，仅凭"外国人就业证"而没有劳动合同就让我国境内的用人单位承担双倍罚则有失公允。第二，《劳动合同法》规定的双倍工资罚则旨在杜绝用人单位利用事实劳动关系的形式逃避缴纳社会保险费等法定义务，从而达到减少用工成本，侵害劳动者利益之目的，立法者不仅看中了劳动合同的契约功能，更是强调了劳动合同的证明功能。已办理"外国人就业证"的外国劳动者，如果没有与我国境内的用人单位签订合同，那么，可能与外国的母公司签有劳动合同，所以说双方的劳动关系内容其实不难确定，因此适用双倍工资罚则亦无必要。

（2）无固定期限劳动合同的适用问题。无固定期限劳动合同的签订在《劳动合同法》的制度框架下由三类事件引发：第一类是双方协商确定；第二类是劳动者在用人单位工作时间长或连续2次订立劳动合同，再次签订合同的；第三类则是用工之日起1年未签订劳动合同，视为双方已订立无固定期限劳动合同。在司法实践中，有外国劳动者提出用人单位应当按照《劳动合同法》规定签订无固定期限劳动合同，对此诉求，必须联系无固定期限劳动合同的制度主旨与外国人就业的特殊性质予以分析。我国无固定期限劳动合同的立法目的是维护劳动者权益，促进就业安定。这里的就业安定应当以本国就业市场为限。综观各国政府对外国人就业的政策，都以保护本国劳动者为首要任务，对于外国人，一般都要设置一定的资格和条件，以吸收本国所需要的高素质人才和本国需要补充的紧缺劳动力为目的。而以促进就业安定为目的的无固定期限劳动合同制度恰恰在此点上与外国人就业政策发生冲突。外国人所占据的就业岗位是否能够满足本国的利益，常常会随时间的推移发生改变。因而需要本国行政机关定期予以审查，这是《外国人在中国就业管理规定》的重要任务。外国人在中国就业的期限、地域和工作单位都是需要经过批准的，外国人变换工作单位，或者工作年限到期后延长，也都需要再经过劳动行政部门的审批。因此，外国的劳动者不能像中国的劳动者那样，在同一用人单位连续工作满10年或者与同一用人单位连续订立2次固定期限劳动合同后，可以向仲裁庭提出申请请求，要求与用人单位订立无固定期限的劳动合同。也正是出于此原因，即使未签订劳动合同超过1年，外国劳动者也不能主张签订无固定期限劳动合同。

（3）固定期限劳动合同与《劳动合同法》的适用。由于就业性质的原因，固定期限劳动合同是外国人在我国就业的最主要的合同类型。按理说《劳动合同法》有关固定期限劳动合同的订立、变更、终止与解除的相应法律规定应当无差别地适用于外国劳动者，然而，由于《外国人在中国就业管理规定》以及地方性法规与《劳动合同法》衔接不足甚至冲突，导致《劳动合同法》解雇保护的规定适用非常困难。《外国人在中国就业管理规定》第18条规定，外国人在华就业劳动合同期限最长为5年，这就限制了《劳动合同法》中的固定劳动合同期限。实践中，"外国人就业证"的期限通常比5年更短。例如，上海市外国人就业证有效期一般不超过1年，北京为2年。"外国人就业证"期满后，必须在用人单位的帮助下才可能延期。换言之，如果用人单位不协助外国人办理"外国人就业证"延期手续，外国人就失去了在中国就业的资格，劳动合同自动解除。除此之外，用人单位根据《外国人在中国就业管理规定》第21条的规定，解除劳动合同后，可以单方面直接至劳动行政部门申请撤销外国人的"外国人就业证"，并到公安机关办理外国劳动者出境手续。至于用人单位解除劳动合同是否合法，劳动行政部门并不审查。也就是说，用人单位可以随时单方面解除外国劳动者的劳动合同，并撤销"外国人就业证"，要求外国劳动者出境。实践中，即使外国人通过其他方式获得了中国签证，与用人单位进行劳动争议诉讼，但由于"外国人就业证"被撤销，即使法院判决用人单位非法解除劳动合同，也无法恢复原有的劳动关系。如此一来，《劳动合同法》对解雇保护的规定将变得毫无意义。

如果说《外国人在中国就业管理规定》确定劳动合同期限最长不超过5年，是出于保护国内就业市场、维护国家利益的需要，是对外国人就业权的合理限制，那么，劳动行政部门通过"外国人就业证"期限的限制，妨碍《劳动合同法》的适用，就完全是对外国劳动者劳动权的不当侵害。至于用人单位可以完全不顾劳动者的态度，单方面撤销外国劳动者的"外国人就业证"，更是《外国人在中国就业管理规定》制定的重大疏漏。笔者认为，这些疏漏在实践中既已发觉，那么，立法者应当及时予以补正。

总之，外国人就业劳动争议案件适用劳动法问题，不仅涉及我国劳动法律法规适用的具体问题，在更广阔的视野中，它还是在加强外国人就业管理基础上保障外国劳动者权利及维护我国国家利益基础上实现涉外就业市场安全、有序的问题。应当尽快出台相应法规或司法解释，完善并化解外国人在我国就业的法律空白与冲突。唯有夯实基础制度构建，才有可能实现人力资源跨国流动带给我国经济、社会的种种正面效应。

【实务评析】

涉外用工因为劳动者的特殊性，对于用工单位和劳动者双方来说均有较大的风险，为了更好地防控风险，保障用人单位和劳动者的合法权益，要以法律规定为依据，严格聘任程序和日常管理规范，实现用人单位和劳动者二者的有效结合。

一、用人单位严格依照程序聘用、管理适格的外国劳动者

（1）严格依法审核劳动者是否具备法定就业条件。外国劳动者必须具备下列条件：①年满18周岁，身体健康；②具有从事其工作所必需的专业技能和相应的工作经历；③无犯罪记录；④有确定的聘用单位；⑤持有有效护照或能代替护照的其他国际旅行证件；⑥入境后取得外国人就业证和外国人居留证件；⑦取得有关机关颁发的外国人就业许可证书。

（2）依法办理相关手续。企业应依法申请外国人就业许可证，并协助办理和审查外国人在华就业证明。

（3）及时签订劳动合同。注意劳动合同的期限最长不得超过5年。劳动合同期限届满即行终止，其就业证明即行失效。如需继续签订，用人单位应在原合同期满前30日内，向劳动保障部门提出延长申请并经批准。

（4）依法管理外籍员工。聘用的外国人签订的劳动合同，同样适用中国内地的劳动法律法规。有关其收入征税事项应遵守中国内地税务法律法规。

（5）区别管理专业人员。由于中国目前尚未与其他国家政府签订职业资格证书互认协议，所以外国人在中国从事国家规定的职业，原则上必须持有我国的职业资格证书。但是，外国人在中国从事具有外国特色的职业，经劳动和社会保障部批准，如西式面点师、西式烹调师，可持其本国政府或行业协会发放的职业资格证书就业。

（6）解除劳动合同需备案。被聘用的外国人与用人单位的劳动合同被解除后，该用人单位应及时报劳动保障部门、公安部门备案，同时交还该外国人的就业证和居留证。

二、涉外劳动者提升自身法律意识，切实加强权益维护

（1）慎重选择用工单位。涉外劳动者因其对国内相关企业了解较少，所以要深入调查、充分了解用工单位情况，谨慎选择符合用工条件、适合自身条件和需要的用工单位。

（2）严格依法签订劳动合同。劳动合同是劳动者保障自身权益的最重要依据，签订一份合法有效且能最大限度

保障自身权益的劳动合同是就业的首要前提和关键，这时劳动者可以通过聘请律师，帮助其签订合同；也可以同时参与涉外劳动者的一些维权组织，通过其他涉外劳动者帮助其熟悉或了解用工单位情况及相关法律法规，为其签订合同提供辅助。

（3）依照合同及时维权。劳动者相对于用工单位往往处于弱势地位，这就要求劳动者当其合法权益遭受侵害时，要及时寻求合法途径予以救济，并通过工会、劳动保障部门等组织力量保障其权利有效行使。

三、知识产权篇

论商标在先使用权的认定

【本文要旨】

2013年第三次修正的《中华人民共和国商标法》（以下简称《商标法》）确立了商标在先使用权制度。但是，该制度确立时间不长，相关司法解释并未出台，各地法院对法条的理解存在差异，因此，有必要对商标在先使用权的判定标准、判定原则进行深入研究，准确界定商标在先使用权。本文以笔者代理的一个商标侵权案为例，对商标在先使用权理论在商标纠纷案件中具体适用的问题进行研究。2013年8月30日，我国第三次修止的《商标法》颁布，其中第59条第3款规定："商标注册人申请商标注册前，他人已经在同一种商品或者类似商品上先于商标注册人使用与注册商标相同或者近似并有一定影响的商标的，注册商标专用权人无权禁止该使用人在原使用范围内继续使用该商标，但可以要求其附加适当区别标识。"至此，我国的商标在先使用权制度正式确立。但是，该制度确立时间不长，在新的商标法即将实施之际，有必要对法条中规定的商标在先使用权的判定标准、判定原则和限制范围等相关问题进行研究和梳理，下面通过笔者代理的一个商标侵权案为例进行分析。

【案情简介】

原告于2003年4月21日向国家工商总局申请"红舞鞋"商标，2004年10月7日获得第3532697号注册商标"红舞鞋"，注册类别为第41类，核定服务项目为"培训；教育；讲课；实际培训（示范）；安排和组织培训班；组织舞会；现场表演；音乐厅；为艺术家提供模特；组织表演（演出）"，注册有效期自2004年10月7日至2014年10月6日。原告将该"红舞鞋"注册商标授权北京红舞鞋公司使用，该商标经北京红舞鞋公司多年的经营使用和广泛宣传，已成为消费者所熟知的、具有较高知名度的商标。2013年6月4日，原告"红舞鞋"商标被提起撤销连续三年停止使用注册商标的申请，2014年3月5日，国家工商总局下发《关于第3532697号"红舞鞋"注册商标连续三年停止使用撤销申请的决定》中明确表述为："我局决定，驳回王晓虹的撤销申请，第3532697号'红舞鞋'注册商标继续有效"。后经原告申请续展商标注册，续展注册有效期至2024年10月6日。被告临淄红舞鞋学校、桓台红舞鞋学校作为专门从事舞蹈培训的民办非企业单位，以原告冯博注册商标使用的文字"红舞鞋"申请注册公司名称，且未经许可，长期使用"红舞鞋"标识从事舞蹈教育培训，在宣传和销售舞蹈培训产品时，大量地使用"红舞鞋"商标，侵犯了原告的"红舞鞋"注册商标专用权。在诉讼中，被告抗辩称其系在先使用该商标，其行为并未构成对原告注册商标专用权的侵害。

【审理结果】

虽然《商标法》第59条第3款规定："商标注册人申请商标注册前，他人已经在同一种商品或者类似商品上先于商标注册人使用与注册商标相同或者近似并有一定影响的商标的，注册商标专用权人无权禁止该使用人在原使用范围内继续使用该商标，但可以要求其附加适当区别标识"，但在本案中，根据两被告提交的节目单、荣誉证书、演出照片等证据、证人证言，可以认定，在原告冯博申请注册"红舞鞋"商标前，案外人张晓辉以红舞鞋舞蹈艺术学校的名义进行舞蹈培训并举办了汇报演出。虽然张晓辉较早使用"红舞鞋"文字样用于舞蹈培训，但其提交的证据并不足以证实"红舞鞋"字样因其使用在冯博申请注册"红舞鞋"商标前已具有一定的影响力，且被告亦未能举证证实负责人为张晓辉的红舞鞋舞蹈艺术学校与本案被告临淄红舞鞋学校、桓台红舞鞋学校之间的承继关系，故对两被告关于其"享有红舞鞋"字样的在先使用权的主张，法院不予支持，最终认定被告行为侵害了原告商标专用权。

【理论探讨】

我国基于利弊权衡，在自愿注册主义理念的指导下建立了商标法律制度，只有经过国家商标局核准注册的商标才享有商标权，未申请注册或者申请注册但未被核准的商标不享有商标权，因此，我国存在大量的未注册商标。未注册商标的大量存在具有其合理性。（1）未注册商标是市场需求的产物，能够适应市场的复杂多变。通常情况下，企业给商品所起的特有名称和商品外表上的其他标识，起初并没有被当做商标来使用，在商品流通过程中，逐渐被消费者认可，起到区分商品或服务的作用，这时才成为商标。另外，未注册商标可以避开耗费时间和金钱的注册程序，一经设计完毕即可投入使用，其灵活性能够适应瞬息万变的市场竞争。（2）未注册商标是商标注册制度的有益补充，有利于商标注册制度的正常运行。获准注册的商标到期后没有续展或者三年停止使用被撤销，就只能以未注册商标继续使用。商标注册人使用注册商标过程中擅自改变商标图样或者所用商品、服务的类别，这类注册商标也就不再享有注册商标的权利而成为未注册商标。这说明，未注册商标的设立为注册商标提供了从注册制度中退出的机制。

根据影响力对我国的未注册商标进行划分，可以分为驰名未注册商标、有一定影响力的未注册商标和普通未注册商标。驰名商标制度可以对驰名的未注册商标提供保护，大量的未注册商标还未达到驰名的程度，仍处于法律保护的空白区域，特别是有一定影响的未注册商标，使用人为建立商誉付出了大量的时间、资金与心血，生产、经营者不仅不能凭借其使用的事实禁止商标先使用人使用，而且该商标一旦被人注册，自己反倒陷入不能继续使用的境地。另外，在争先注册的制度下，还可能会滋生商标掮客，从而使创造商标价值的人在他人抢先注册后，丧失应有的合法权利。因此，结合国外的立法与国内的司法实践来看，建立商标先使用权制度是一个恰当的选择，能够较好地给未注册商标提供保护，有利于我国商标制度的有序健康发展。❶

一、商标在先使用权的认定标准

我国现行《商标法》第59条第3款规定："商标注册人申请商标注册前，他人已经在同一种商品或者类似商品上先于商标注册人使用与注册商标相同或者近似并有一定影响的商标的，注册商标专用权人无权禁止该使用人在原使用范围内继续使用该商标，但可以要求其附加适当区别标识。"至此，我国正式确立商标在先使用权制度。从上述法条可以看出，商标在先使用权不同于商标权，它仅仅是一

---

❶ 冯素："浅析我国商标在先使用权法律制度的完善"，载《法制与经济》2013年第4期。

种抗辩权，是一种用于对抗注册在后的商标权，从而在原使用范围内继续使用该商标的权利。要行使该权利，笔者认为根据现行《商标法》的规定应当满足以下构成要件。

1. 商标注册人申请商标注册日期之前，商标在先使用人已经先于商标注册专用权人使用。其包括两个层面的含义："在先"和"使用"

"在先"是对商标在先使用人时间的要求，存在在先使用的事实是构成商标在先使用权的前提条件。根据法条，要求在商标注册日期之前，商标在先使用人存在使用未注册商标的事实，在先使用的起算时间应当以该在先商标首次投入商业使用的时间为准。❶另外，特别应当注意的是，在曾经发生过法人分离合并或业务承继关系的情况下，现有使用人作为继承人的使用应当视为本条件中的使用，而被继承人先前的使用时间应当计入现有使用人的使用时间。基于上述观点，在本案中，被告认为其对"红舞鞋"商标的使用符合"在先"的要求。

"使用"包含两方面的含义。第一，商标"使用"要求必须是实际使用，是指商标被实际运用到商品或服务上，进入流通领域，使消费者能够凭借商标标识区别同类商品或服务的不同生产者或提供者，使商标发挥区分商品或服务来源

❶ 汪泽："论商标在先使用权"，载《中华商标》2003年第3期。

的基本功能。在采取商标权注册主义的国家，只有在未注册商标通过实际投入使用而具备一定经济利益时，法律对其予以保护才不违背公平与诚实信用原则。而未注册商标只有经过实际使用并且持续使用很长一段时间之后，才能被消费者所知悉和认可，才有产生经济利益的可能，从而受到法律的保护。第二，商标"使用"必须是持续使用，即商标在先使用人在他人注册商标申请日之前就已经开始在其商品或服务上连续不中断地使用该商标，并且至今未放弃使用，因不可抗力、政府政策性限制、破产清算以及其他不可归责于商标注册人的正当事由而中断使用的除外。此处的不可抗力沿用民法上的解释，是指"不能预见、不能避免和不能克服的客观情况"。在本案中，被告未能举证证实负责人为张晓辉的红舞鞋舞蹈艺术学校与本案被告临淄红舞鞋学校、桓台红舞鞋学校之间存在承继关系，因而被告对"红舞鞋"的使用并非持续使用。如果商标先使用人在他人注册商标的申请日之前曾有使用的事实，但无不可抗力而中断使用的，不得继续使用该商标。理由在于：其一，商标先使用权是为了保护商标先使用人的利益而存在，如果商标先使用人已经自动放弃使用该商标，商标法自然再无保护的必要。其二，在他人使用注册商标期间，若商标先使用人无正当理由中断使用后仍然享有商标先使用权，这不利于维护正常的公平竞争关系和保护商标注册人的利益，将从根本上动摇商标注册制度。

2. 在先使用的商标须具备一定影响力

所谓在先使用并有一定影响，就是指在先使用人已经使用某商标并为一定地域范围内相关公众所知晓。如果在先使用人只能证明在他人注册商标的申请日之前以及在商标注册人最早使用该商标之前确实曾有使用，但无法证明该商标已经具有一定影响的，该在先使用人并不能享有商标在先使用权，也不能继续使用该商标。之所以要求具有一定影响，在于商标在先使用权产生的基础为在先使用并具有一定影响后产生了商标的识别作用，如果不保护这种在先使用，对于在先使用人明显不公平，其存在是作为商标注册制度的补充。如果仅仅要求使用在先但不具有一定影响就可以享有商标在先使用权的话，在后商标注册人的利益将得不到保障，从而动摇我国已经确立的商标注册制度。❶

"一定影响力"是一个较主观的判断标准，指商标的影响及于一定地域范围内的相关公众。该地域范围可能大到全国范围或一个省，也可能小到一个县或一个市，不能统一规定影响及于范围的大小，只有在具体的案件中才能确定。"一定影响力"商标的判定是司法实践中自由裁量权的体现，无法量化衡量，通常根据该商标在具体商品或

---

❶ 曹远鹏："商标先权的司法实践及其内在机理——基于我国司法案例群的研究"，载《中山大学研究生学刊（社会科学版）》2009年第30期。

服务上宣传、使用的时间、程度、地理范围及该商标在市场上的影响等因素作出判定。❶

在本案中，被告提交的证据并不足以证实"红舞鞋"字样因其使用在原告申请注册"红舞鞋"商标前已具有了一定的影响力。

3. 在先使用的商标与注册商标使用于同一种商品或者类似商品

商标是用来区别商品或服务来源的标志，无论是商标注册取得主义还是商标使用取得主义，商标保护的出发点都是防止混淆。而产生混淆的最主要原因就是将同一商标或者近似商标使用在同一种或者类似的商品或服务上。这种相似分为两种情况，商标在先使用人与商标注册人的商品或服务相同或类似，两个商标相同或类似。结合来看，如果商品或服务类别相似程度低，对商标的构成相似度的要求就高；如果商品或服务相同，对两个商标相似程度的要求就低。❷

如果在先使用的商标与在后注册的商标不构成相同或者近似，或者其投入使用的商品或服务不属于同一种或者类似的情况，商标在先使用人与商标注册人并无权利冲

❶　王继连："商标法第二十一条的理解与适用——相关商标案件审理的启示"，载《中华商标》2012年第9期。
❷　杜颖："在先使用的未注册商标保护论纲——兼评商标法第三次修订"，载《法学家》2009年第3期。

突，双方应当可以和平相处，除非一方商标注册后经使用成为驰名商标，可以享有商标法提供的跨类保护。这种情形是指该注册商标已经存在，使用人将与注册商标相同或近似的标志使用在与注册商标所用商品或服务不相同或不相类似的商品或服务上，该注册商标后来成为驰名商标，可以享有商标法提供的跨类保护，从而与使用人的商标发生冲突。

原告获得第3532697号注册商标"红舞鞋"，注册类别为第41类，核定服务项目为"培训；教育；讲课；实际培训（示范）；安排和组织培训班；组织舞会；现场表演；音乐厅；为艺术家提供模特；组织表演（演出）"。被告所提供的商品服务，即培训、教育、组织舞会、组织表演、现场表演等服务已经完全落入原告商标专用权所保护的范围，与原告所提供舞蹈培训服务完全相同，该行为已对原告的注册商标专用权构成侵害。

二、商标先使用权的判定原则

《商标法》第7条规定："申请注册和使用商标，应当遵循诚实信用原则"。诚实信用原则要求行为人在实施民事行为时要秉持诚实和善意的心态，善意地行使权利，善意地履行义务，尽其所能避免损害他人的权利和利益，非善意的行为不受法律保护。作为商标法确立的根本性原则，诚实信用原则是商标先使用权得以提出和构建的基础，它是判定规则的根本出发点，也为法官提供弥补法律漏洞、创造性司法的法律依据。

诚实信用原则体现在商标在先使用权上就是要求商标在先使用人具有主观善意，即在追求己方利益的过程中，不侵犯他人的在先权利，不以不正当竞争为目的。有些情况下判定商标在先使用权不能仅凭判定规则，还要依据诚实信用原则的指导考察商标使用人的主观状态，作出公正的判定。商标在先使用人具有主观善意才符合诚实信用原则的要求，即要求在追求己方利益的过程中，不侵犯他人的在先权利，不以不正当竞争为目的。善意与恶意是相对而言，都是行为人的一种主观心理状态，我们无法直接看到，而且在司法实践中，情况复杂多变，对使用者的善意与恶意也要具体情况具体分析，需要根据行为表现细心观察才能探知。这种判断的经验不是一天两天就能形成的，我国的商标在先使用权制度才刚刚建立，需要法官在司法实践中不断总结经验教训和学习，才能逐步形成。当然，这也是法官自由裁量权的体现，对司法系统中法官的专业素质提出了较高的要求。❶

【实务评析】

商标在先使用权制度已经被多个国家和地区广泛适

---

❶　谢晓尧：《竞争秩序的道德解读》，法律出版社2005年版。

用，并收到了良好的法律效果。《商标法》的实施，商标在先使用权制度在我国的确立充分体现了法律的公平原则，充分考虑和平衡了未注册商标的在先使用人、在后的注册商标权利人以及广大普通消费者三方的合法利益。同时，通过确立商标在先使用权制度，明确调整了商标领域中使用和注册的关系，更加强调商标使用的重要性，并加大了对已经使用但未注册商标的保护力度，这对于广大商标使用人今后更加重视实际使用具有现实的指导意义。

四、执行篇

民事执行程序中的参与分配制度理论与实务探析

【本文要旨】

作为民事执行程序中的一项重要制度，参与分配是无法参与破产分配的公民、其他组织实现其债权公平受偿的重要途径，在执行实践中发挥了积极作用。但参与分配制度仅在司法解释上予以规定，并未在立法上予以确立，使该制度缺乏应有的立法依据；因参与分配主体、参与分配的适用条件等没有确定统一的标准，导致其在实务操作中存在诸多分歧。本文将以自身代理的一起当事人通过参与分配实现债权优先受偿的执行案件为例，深入探讨参与分配制度，并从理论和实务上提出一些完善意见或建议。

【案情简介】

A房地产开发公司（以下简称"A房产公司"）与薛某于2012年5月21日签订商品房预售合同，房屋总价为1100余万元，薛某未按照合同约定支付房款，拖欠该公司购房款270余万元。2015年8月，A房产公司起诉薛某支付购房款及违约金，经过调解，法院出具民事调解书，薛某支付房款及违约金300余万元。由于薛某未按照调解书支付房款及违约金，2015年11月，A房产公司向北京市某法院申请强制执行。江苏省某法院已经对薛某的房产查封，A房产公司遂立即向原申请执行法院江苏省某法院申请参与分配，并提交了书面申请文件。由于迟迟未得到参与分配的通知，A房产公司又向江苏省某法院提交了《执行异议申请书》，并同时加强与北京市某法院沟通，再次提交参与分配的书面申请。经过多次协调沟通，A房产公司与江苏省某法院执行案件中涉及薛某房屋的其他执行申请人达成参与分配的调解，依调解协议，约定薛某房产拍卖价款由A房产公司优先受偿。2016年5月，江苏省某法院对薛某房产的拍卖完成。同期，北京市某法院也同意A房产公司参与分配。2016年9月，A房地产公司终于获得执行案款300余万元。

【理论探讨】

一、参与分配制度概述

（一）参与分配制度的概念

参与分配是民事诉讼执行阶段的特殊制度，它关系"两个以上的债权人就债务人的特定财产申请强制执行时，是申请人平等受偿还是依申请的先后顺序而有受偿顺序的先后之分"的问题。❶通俗而言，参与分配制度是指这样的情况：甲、乙二人同时对丙享有金钱给付的债权，甲依据其执行依据，先请求执行丙的财产，丙的财产因之被查封。之后，乙又依据其执行依据请求丙履行对其的债务，这时甲、乙之间即存在金钱债权竞合，但是丙的财产不能完全清偿甲、乙二人的债权，此时就可以通过参与分配制度，使甲乙两人的债权能够按比例在同一个程序中共同获得受偿。我国在《最高人民法院关于适用〈中华人民共和国民事诉讼法〉的解释》（以下简称《民诉解释》）中对参与分配制度进行了规定："被执行人为公民或者其他组织，在执行程序开始后，被执行人的其他已经取得执行依据的债权人发现被执行人的财产不能清偿所有债权的，可以向人民法院申请参与分配。"据此，我国的参与分配制度可以定义为：在执行程序中，当被执行人的财产不足清偿全部债权时，在该被执行人财产被执行完毕前，已经取得执行依据的其他公民或其他组织债权人，参与到已开始的执行程序中，就被执行人财产公平有序受偿的制度。

因参与分配未在立法中予以明确，所以学者对参与分配概念仍存在一定的分歧，以参与分配的必要前提条件不同，存在主张以"被执行人不足以清偿全部债权"为必要

---

❶ 韩长印、朱春和："参与分配制度与破产立法"，载《当代法学》2000年第1期。

前提条件的狭义概念，和不以"被执行人不足以清偿全部债权"为必要前提条件的广义概念。

（二）我国参与分配制度的立法现状

我国1992年发布的《最高人民法院关于适用〈中华人民共和国民事诉讼法〉若干问题的意见》（以下简称《民诉意见》）第297~299条首次规定了参与分配的适用条件、适用程序和财产分配原则等。1998年《最高人民法院关于人民法院执行工作的若干问题的规定（试行）》（以下简称《执行规定》）第90~96条，对我国参与分配的操作程序、适用条件等进行了进一步的完善和细化。2009年1月1日起施行的《最高人民法院关于适用〈中华人民共和国民事诉讼法〉执行程序若干问题的解释》（以下简称《执行解释》）第25~26条，首次明确了执行参与分配的救济程序，即执行参与分配方案异议制度和分配方案异议之诉制度。2011年2月18日，最高人民法院颁布的《民事案件案由规定》将"分配方案异议之诉"确定为"执行方案异议之诉"。2015年生效的《民诉解释》在继承原有相关法律法规关于参与分配制度的规定的基础上，在第510~512条又进一步完善了参与分配的平等原则、继续清偿制度及救济程序等。

我国的相关司法解释虽然对参与分配的主体、原则、申请条件、参与及救济程序等进行了规定，但因在立法层面未予明确，且标准不统一，所以，理论界和实务界对这一制度一直存在争议。

（三）参与分配制度的适用要件及程序

1. 参与分配的适用要件

根据目前的法规和司法解释，我国参与分配制度有如下适用要件：（1）被执行人为公民或其他组织。在我国的有限破产主义立法例下，当企业法人资不抵债时，其将根据破产法相关规定适用破产程序。但公民或其他组织作为被执行人时，其便因不具备破产能力而仅可以通过参与分配来清偿债务。（2）有数个债权人存在。当多个债权人对同一债务人就债务人的资产共同请求公平分配时，才有参与分配之必要。（3）各债权人的债权都是金钱债权。执行过程中，仅以金钱为给付标的债权能够划分份额按比例向债权人清偿；而非以金钱为给付标的如物上请求权，虽然也会出现多个债权人对同一债务人要求执行的冲突，但由于其性质的特殊性，难以分比例清偿各债权人。此外，当债权人的非金钱债权已经转化为金钱请求的债权时，参与分配亦会发生。❶但依照《执行规定》第90条的立法本意，非金钱债权转化为金钱债权参与分配的，这种转化应该是依据人民法院的裁定或者是在人民法院主导下所完成

---

❶ 江伟主编：《民事诉讼法学原理》，中国人民大学出版社1999年版，第878页。

的转化。（4）债务人财产不能清偿所有债权。因我国采取有限破产主义，我国参与分配制度主要用于弥补有限破产的缺陷，则"债务人财产不能清偿所有债权"是我国参与分配中最基础、重要的条件。在一般情况下，被执行人资不抵债是适用参与分配制度的条件，但在法院超标地查封被执行人财产的情况下，即使被执行人的财产足以清偿所有债务，也有可能适用参与分配制度。（5）申请参与分配的债权人已经取得执行依据。执行程序应当依据已生效的法律文书进行，未取得生效法律文书的人不具备申请强制执行的要件，因此，也就不能适用参与分配程序。这里的执行依据应当包括：已经生效的具有金钱给付内容的法院判决书、裁定书、调解书和支付令，仲裁裁决书和调解书，依法赋予强制执行效力的公证债权文书等。（6）法院已经对被执行人的全部财产或主要财产采取强制执行措施。参与分配制度应当适用在已经开始的执行程序中。也就是说，须有债权人在先申请了强制执行，法院也已对债权人的财产采取查封等强制执行措施。反之，如果没有进行中的执行程序、法院也未采取强制措施，这时他债权人应自行向法院申请强制执行。（7）参与分配的申请应当在执行程序开始后、被执行人的财产执行终结前提出。通常来说，执行程序开始，是指当第一个债权人启动执行程序，执行法院接到申请执行书开始。而执行程序终结后还想申请加入参与分配程序的债权人，仅能就债务人的其他财产受偿。

2.参与分配的程序

参与分配的程序由两大部分组成：申请程序和分配程序。

（1）申请程序。①申请人提出书面申请。作为适格申请人的他债权人欲参加已经开始的强制执行程序，并要求分配被执行财产，必须依法提出书面申请。根据《民诉解释》第509条的规定，他债权人应当提交申请书，申请书的主要内容包括：申请人、债务人的基本情况；具体债权情况；申请参与分配的理由等。执行依据是指人民法院据以强制执行的法律文书。②接受参与分配申请的法院。按照《执行规定》第92条的规定，参与分配的申请书，应当向其原申请执行法院提交，该执行法院应将参与分配申请书转交给具体主持分配的法院。对于"其原申请执行法院"应当理解为对该债权人提出的执行申请依法享有管辖权的法院，即如果没有申请参与分配的情况发生，依照相关规定该债权人就执行依据应当提出强制执行申请的法院。③法院对参与分配的申请进行审查处理。执行法院在收到参与分配的申请后，应当进行审查。审查的内容应当包括形式审查和实质审查两方面的内容，具体包括：申请人是否已取得执行依据并提供了相应的证明文件、申请参与分配的债权是否为金钱债权、是否是享有优先权或担保物权的债权等。经审查符合参与条件的，应当准予该债权人参与分配。否则，应通知其补正或裁定驳回申请并说明理由。

（2）分配程序。①确定主持分配的法院。《执行规定》第91条规定："对参与被执行人财产的具体分配，应当由首先查封、扣押或冻结的法院主持进行。"由此可见，主持参与分配的法院不一定是最先开始执行程序的法院，也不一定是他债权人应当申请执行的法院，而是最先采取执行措施的法院。②明确可供清偿的被执行人财产的范围和可以参加分配债权的范围。主持分配的法院在准许申请人参与分配后应及时予以执行分配，首先应当明确可供清偿的被执行人财产范围和可以获得清偿债权的范围。包括对被执行人的可执行财产予以清算、变卖或拍卖，以及通知参与分配的各债权人申报债权，以确定债权总额。③制作分配方案。当各债权人的分配份额和债权确定后，执行法院按程序制作分配方案予以明确。参与分配方案的制作是整个参与分配制度中最关键的环节，是实践中关注及争议最多的问题。根据《民诉解释》第511条，多个债权人对执行财产申请参与分配的，执行法院应当制作财产分配方案，并送达各债权人和被执行人。但该条对分配方案的具体制作程序并未进行详细的规定。按照我国参与分配制度的规定，在制作分配表时应当首先保障享有优先受偿权的债权，在对享有优先权、担保权的债权人依照法律规定的顺序优先受偿后，再按照分配表确定的其他债权人债权比例进行公平分配。分配方案一般应包括以下内容：强制执行所得金额、各债权人的债权额与总额比例、债权性质、分配的具体份额以及分配顺序、实行分配的日期、分配方案提出异议的日期、分配方案制定时间等。④交付分配方案。执行法院制作分配方案后，应当将分配方案交付给各当事人，并置于执行法院供其查阅。而关于应在分配日之前多少日交付或查阅，我国现行法律及司法解释未作规定。⑤交付分配金额。即执行法院在分配日根据分配方案分配各债权人应获偿的金额。如果有债权人或被执行人在分配日前对分配方案提出异议，执行法院应通知其他债权人或被执行人。其他债权人或被执行人对该异议表示反对的，依照分配方案异议及异议之诉处理；不表示反对的，则应更正分配方案，并按更正后的方案进行分配。

二、参与分配制度与破产制度的关系

参与分配和破产制度都是基于债务人的财产不足以清偿全部债权人的债权而产生的，我国的参与分配制度在一定程度上，也借鉴了破产制度的相关规定，所以，参与分配制度与破产制度之间存在一定的联系和区别，对二者的异同进行分析，可以更好地研究参与分配制度。

我国的破产制度体现在1991年颁布的《民事诉讼法》及2006年颁布的《企业破产法》中，我国采取仅适用于企业法人的有限破产主义，我国企业法人之外的主体不具备破产能力。❶换言之，不具备法人资格的公民、其他组织未被赋予破产能力，不能适用破产制度。我国的参与分配制度是，用于解决公民、其他组织资不抵债、不能清偿所有债务时，如何公平清偿债务、实现对多个债权人平等保护的问题。之所以设立参与分配制度，更多的是出于弥补有限破产主义的缺陷考虑。

参与分配制度与破产制度既有类似，又有区别。

1. 我国参与分配制度与破产制度的区别

（1）制度目的不同。破产制度有稳定经济和社会秩序的作用，因此，相比个别债务人，它更关注全体债权人的利益，即破产制度属于概括性执行制度。而参与分配制度为解决执行中的排斥和冲突而建立，在于使个体的债权人的债权得到满足，即参与分配属于个别性执行制度。

（2）地位不同。参与分配制度属于民事诉讼法的范畴，属于强制执行程序，是民事执行过程中于特定条件下适用的一项特别制度，偏向于程序方面的规定；而破产制度是商法中一项独立的、完整的制度，它有实体内容，也有程序规定。❷

（3）执行财产和受清偿的债权范围不同。破产制度是

---

❶　韩长印：《破产法学》，中国政法大学出版社2007年版，第23页。

❷　陈明："论参与分配制度之适用"，见江必新主编：《执行工作指导（第1辑）》，人民法院出版社2011年版，第184页。

为了实现全体债权人的债权，对债务人进行的一种概括执行，受清偿的债权是全部债权（债权人不申报或放弃债权的除外）；而参与分配制度中，受清偿的债权只是申请执行的债权及参与分配的债权。破产制度是对债务人的全部财产进行清算分配的活动，个别强制执行程序则是对债务人部分财产的执行。

（4）适用条件不同。破产原因则是债务人"不能清偿到期债务，并且资产不足以清偿全部债务或者明显缺乏清偿能力"，需要对债务人是否资不抵债作出实质认定；而参与分配则是在债务人经济状况正常、有履行能力但不履行债务时采用的强制措施。申请参与分配的债权人无须对被执行人是否资不抵债作出实质判断。

（5）管辖不同。破产案件由债务人住所地法院管辖；而参与分配程序由首先采取查封、扣押或冻结措施的法院主持进行。

（6）分配原则不同。参与分配制度中在优先权人、担保物权人依法优先受偿后，其他债权人按照债权额比例公平受偿；而在破产程序中，除优先权人和担保物权人可以优先受偿外，依照《企业破产法》第113条，破产费用和共益债务、职工工资和劳动保险费用、破产企业所欠税款都应当优先受偿。

（7）效力不同。破产制度，一旦破产程序走完，就产生破产免责的效果，债务人不再对未履行完毕的债务承担责任；而参与分配没有免责制度，债务人对于未清偿的债务应当在程序终结后继续履行。因此，两个制度终结后的效力不同。

2. 我国参与分配制度与破产制度之间的联系

参与分配与破产具有天然的内在联系，在制度设计上相互具有可借鉴性。二者都属于法定的财产清偿程序，都解决债务人财产不足清偿全部债务时，其财产在多个债权人间的公平分配问题，两个制度间相互关联，体现如下：

（1）适用主体的相互补充。我国企业破产法通常仅适用于企业法人，参与分配制度就是为了弥补企业破产法适用主体上的不足而设，在自然人或非法人组织资不抵债时，为各债权人提供一条公平受偿的途径。

（2）特定情形下当事人可以选择适用。《执行规定》第96条规定，被执行人为企业法人，未经清理或清算而撤销、注销或歇业，其财产不足清偿全部债务的，应当参照适用参与分配程序。《企业破产法》第7条第3款规定，"企业法人已解散但未清算或者未清算完毕，资产不足以清偿债务的，依法负有清算责任的人应当向人民法院申请破产清算。"所以，对于企业法人未经清算或者未清算完毕而撤销（解散），财产不足清偿全部债务的情形，现行的法律体系设置了两种不同的解决途径，申请破产的，适用破产清算程序；无人申请破产的，则适用参与分配制度。另外，对于企业法人歇业的，《企业法人登记管理条例》第20条规定，应当向登记主管机关办理注销登记。而根据《公司法（解释二）》第20条的规定，公司办理注销登记前必须进行清算，未依法进行清算的，有关责任人要依法承担相应责任。因此，对于未经清理或清算而歇业，财产不足清偿全部债务的企业法人，应当适用破产清算程序；无人申请破产的，可以适用参与分配制度。

（3）两个程序竞合时，破产程序优先适用。对企业法人的参与分配程序启动后、分配完毕之前，一旦有人提起破产申请并启动破产程序，则参与分配程序应当终止而适用破产程序解决。

自2007年6月我国破产法实施以来，全国法院系统审理的破产案件数量非常有限，破产案件数量并没有像预想的一样上升，反而从2000年的每年1万余件逐年减少至每年七八千件、三四千件，直到2014年的1 000余件。[1]由此可见，破产法的司法实践显然与立法者的初衷和目标还相去甚远。相形之下，参与分配俨然已经成为当前企业法人债务清理、退出市场的常态化的主要途径，以破产制度为基础进一步深入研究参与分配制度成为必要。

---

[1] 马艳、刘莹、丁立波："新破产法实施后破产案件逐年下降至1千余件"，载《法制日报》2015年10月10日。

【实务评析】

如何完善我国参与分配制度，有不同的观点和主张。笔者仅就自身实务工作提出以下问题及建议。

一、执行法院是否具有告知义务

关于法院是否应当对其他债权人履行告知义务，现存法规和司法解释均没有对这一问题作出规定。有学者认为，参与分配作为执行程序的主要价值是效率，法院似乎并无告知的义务。同时，不告不理原则决定了债权人有权自行选择是否申请强制执行和参与分配。并且从法律后果来说，参与分配程序也不具备破产免责的效力，因此，法院无告知之必要。

笔者对此有不同的建议。（1）对于享有优先受偿权的债权人，法院应履行通知义务。对于享有优先权的债权人，分配程序必然涉及其利益，若不通知其参加参与分配，无法顺利制作分配表和进行最终的分配。（2）对其他不享有优先受偿权的债权人，法院也应当负有公告义务。主要理由为：第一，执行程序也具有公开性，法院履行告知义务有利于促使适格债权人通过参与分配使债权获得清偿以维护自身利益；第二，尽管债权人有权自行决定是否申请参与分配，然而现实情况是，有很多债权人因为不知晓已进行的执行程序而错过提出申请的期限，实非符合其真实意愿。如法院不进行公告，绝大部分的其他债权人难以获知参与分配的机会，这将导致部分债权人无财产可受偿，而我国设立参与分配的目的是在债务人资不抵债时通过个别执行实现债权人的利益，因此，应促使更多符合条件的债权人参与公平有序的分配。笔者认为法院不进行公告，与参与分配制度的目的相悖。综上，设定公告程序，有利于他债权人提供公平进入参与分配程序的机会或促使不具备申请参与分配条件的债权人另谋申请破产的途径，实现我国参与分配制度及破产制度之应有的价值。对于对自己的债权漠不关心又疏于查看公告因而未能及时主张其权利的某些债权人，所造成的不利后果自应由其自行承担。前文中提及的笔者所代理的执行案件，由于执行申请人系开发商，彼时被执行人的房产尚未办理过户手续，仍在开发商名下，因此，对其他法院查封该房产，执行申请人尚能及时得知，否则，若非此种情况，若无执行法院的告知制度，其他债权人的权益势必难以保障。

二、关于对被执行人的财产不足清偿全部债务的认定

根据现行司法解释及规定，只有在被执行人的全部财产或者主要财产已经被其他法院先行查封、扣押或冻结，已无其他财产可供执行，或者其他财产不足清偿全部债务时，其他债权人才能申请参与分配。

然而，对于如何认定债务人的财产是否不足以清偿其全部债务，目前没有具体可供操作的标准。理论界存在客

观标准和主观标准的争论。有的学者主张采取客观标准，即只有被执行人的全部财产在事实上少于其全部债务总额时，才为"不足清偿"，方应准许其他债权人参与分配。主张主观标准的学者则认为，只要债务人拒不履行到期债务或以无力偿还为由一再拖延的，债权人即可认为被执行人欠缺清偿能力。上述客观标准的主张显然不切合实际，主观标准似乎较为合理却未被法律规定明确适用。

理论上，所有被执行人的财产是有限的，完全可通过查询统计的方式穷尽其财产情况，但是，当前执行法院尚无法穷尽查明被执行人的财产情况，取得执行依据的债权人更无法查明被执行人的全部财产情况。在此背景下，取得执行依据的债权人实际上无法提供被执行人全部财产不能清偿所有债权的证明材料，其将承担无法提供该材料而导致无法参与分配的后果。因此，将债务人除被执行财产外"无其他财产可供执行或者其他财产不足清偿全部债务"设置为参与分配的前提条件，不具可操作性。

因此，笔者主张无论被执行人的财产是否不足清偿全部债务，都应当允许符合条件的债权人参与分配，以节约执行成本、提高执行效率。

三、申请参与分配的期限

申请参与分配的期限对债权人是否能进入已经开始的执行程序至关重要，其中对于参与分配申请人提出申请的最后期限，《民诉法解释》第209条第2款规定为"被执行人的财产执行终结前"，与《执行规定》第90条的规定基本一致。

对于如何理解"在被执行人的财产执行终结前"，实务中存在差异。笔者认为，债权具有平等性，这种债权的平等性是以"债务人以其全部财产作为其所有债权的一般担保"为基础的。参与分配制度从某种意义上讲，就是以牺牲一部分债权人利益来换取另一部分债权人之间的相对公平，如将认定"执行终结"的时间节点过分前移，就有可能会损害那些已经取得生效判决但还未来得及申请执行的债权人以及那些判决尚未生效的债权人的利益。

另外，地方法院常存在地方保护主义和本位主义；若主持分配的法院对先申请的本地债权人的债权迅速清偿，完全瓜分，或者主持分配法院仅基于自身工作效率、考核压力的原因而迅速清偿，将会对在合理期间内能够参与分配的其他债权人造成损失。

因此，参照最高人民法院《关于人民法院民事执行中拍卖、变卖财产的规定》第29条规定："动产拍卖成交或者抵债后，其所有权的转移自该动产交付时转移给买受人或者承受人。不动产、有登记的特定动产或者其他财产权拍卖成交或者抵债后，该不动产、特定动产的所有权、其他财产权自拍卖成交或者抵债裁定送达买受人或者承受人时转移。"笔者认为，对于一般动产应该以交付为执行终结的认定标准，对于特殊动产应以拍卖成交或者抵债裁定送达买受人或者承受人为执行终结的认定标准。不动产则应以拍卖成交或者抵债裁定送达买受人或者承受人为执行终结认定标准。

四、接受参与分配的法院及法院之间的协调制度

根据目前司法解释及规定，对于已申请执行的债权人，应向原申请执行法院提交参与分配申请，并由其转交给主持分配的法院，而不是直接向主持分配法院提出参与分配申请。

这一规定似乎非常明确，但是在笔者的实务案件中，有时会出现原申请执行法院因为各种原因，未转交、迟延转交、转交材料瑕疵或转交材料不符合主持分配法院的要求等情况。而在参与分配期限的条件限制下，这有可能导致申请执行人无法参与分配。

仍以笔者前文中论及案例为例，笔者在代理过程中，曾先后多次向申请执行法院提交参与分配申请，但长时间未获通知，承办法官休假期间也难以联系其确认，后我方通过向主持分配法院的承办法官联系沟通得知原申请执行法院未转交参与分配申请。而两法院之间在参与分配案件中的衔接问题，此前无先例和制度细则，具体做法上两者之间还存在一定差异。在这种情况下，虽然明知现行规定应向原申请执行法院提交参与分配申请，但为了维护申请执行人权益，申请执行方只得同时向两个法院提交书面申

请，同时借助向主持参与分配法院提出执行异议，使参与分配过程极具曲折。虽然笔者代理案件最终圆满解决，但是通过交流，笔者发现这种情况绝非个案。

从根本上来讲，这是由于"原申请执行法院向主持分配的法院转交"的规定过于笼统，法院之间缺乏相应的衔接制度或相应制度不统一导致的。因此，笔者建议应进一步明确规定原申请执行法院向主持分配的法院转交的期限、转交的内容、原申请执行法院执行案件的程序处理、迟延转交或不当转交的法律责任、监督机制、特殊情况下的处理措施等。

五、刑事篇

浅析渎职罪主体之界定
——对《立案标准》附则（三）的解读

【本文要旨】

我国现行《刑法》未对"国家机关工作人员"的概念及范围给予明确的界定，导致理论界和实务界在渎职罪主体认定问题上存在诸多争议和困惑。最高人民检察院于2006年7月26日公布《关于渎职侵权犯罪立案标准的规定》（以下简称《立案标准》），对该规定能否正确理解和把握，直接影响检察机关对渎职犯罪的打击和预防力度，因此，笔者认为有必要对该问题做进一步探讨，以期正确指导司法实践。

【案情简介】

被告人周某某，原系北京市住房资金管理中心大兴分中心副主任。2002年3～6月，被告人周某某在审批北京某经贸集团集资建设职工住房个人住房担保委托贷款过程中，不认真履行职责，违反规定办理了该集团53笔购买集资房个人住房担保委托贷款，由建设银行大兴支行信贷部经办放贷，共计1 818万元，其中1 315万元被支取，但未用于集资建设项目。2004年11月起剩余贷款开始逾期不还，截至2007年7月31日，贷款本金余额1 204余万元、逾期利息164余万元不能归还。法院以玩忽职守罪，判处被告人周某某有期徒刑三年，缓刑四年。

【问题】

渎职罪主体的本质特征是什么？渎职罪主体的具体范围是什么？

【理论探析】

我国现行《刑法》第九章将渎职罪的主体严格限定为"国家机关工作人员"，但是并未对"国家机关工作人员"的概念及范围一并给予明确的界定，导致理论界和实务界在渎职罪主体认定问题上存在诸多争议和困惑。为此，全国人大常委会于2002年12月28日通过了《关于〈中华人民共和国刑法〉第九章渎职罪主体适用问题的解释》，对渎职罪主体范围做了新的界定；最高人民检察院于2006年7月26日公布了《立案标准》，进一步明确了渎职罪主体的范围。

《立案标准》附则（三）规定："本规定中的'国家机关工作人员'，是指在国家机关中从事公务的人员，包括在各级国家权力机关、行政机关、司法机关和军事机关中从事公务的人员。在依照法律、法规规定行使国家行政管理职权的组织中从事公务的人员，或者在受国家机关委托代表国家行使职权的组织中从事公务的人员，或者虽未列入国家机关人员编制但在国家机关中从事公务的人员，在代表国家机关行使职权时，视为国家机关工作人员。在乡（镇）以上中国共产党机关、人民政协机关中从事公务的人员，视为国家机关工作人员。"由于该规定是认定渎职罪主体最新、最全的法律依据，对该规定能否正确理解和把握，直接影响检察机关对渎职犯罪的打击和预防力度，因此，笔者认为有必要对该问题做进一步探讨，以期正确指导司法实践。

一、渎职罪主体的本质特征

明确渎职罪主体的本质特征是正确理解和把握渎职罪主体的根本所在。近年来，无论是立法解释，还是包括《立案标准》在内的"两高"司法解释，对渎职罪的认定都是以国家机关权力为背景，在从事国家机关公务的过程中产生的。相应的，渎职罪主体的认定必须以是否行使国家机关权力、从事国家机关公务为标准。因此，笔者认为渎职罪主体应当具备下列基本特征。

（1）必须从事国家机关公务。所谓国家机关，是指国家为行使其职能而设立的各种机构，是行使国家权力和执行国家管理职能的组织。根据我国宪法，国家机关包括各级国家权力机关、行政机关、审判机关、检察机关、军事机关。国家机关的职能涉及社会生活的方方面面，包括政治、经济、文化、立法、司法、军事等。从事国家机关公务也就是行使公权力，即在履行这些国家机关职能中行使组织、领导、监督、管理职能的活动。

（2）必须以国家机关的名义进行。"国家机关工作人员从事的公务活动当然具有国家代表性，但在具体表现形式上，它是以国家机关名义进行的。"[1]如果某种行为是以国有公司、企业、事业单位、人民团体或者个人名义实施的，即使行为人具有国家机关工作人员的身份，也不能成为国家机关公务活动。

（3）必须具有从事国家机关公务的资格。这是行为人构成渎职罪主体的前提条件。"从某种意义上说，'资格身份'和'从事国家机关公务'犹如一个硬币的两面，因为'从事国家机关公务'必须以取得相应的资格身份为前提。"[2]即渎职罪主体需要通过合法的程序或者手段获得从事国家机关公务的资格。司法实践中，行为人取得从事国

---

[1] 杜国强："渎职罪主体立法解释评析与完善探究"，载《检察实践》2004年第2期，第3页。

[2] 莫洪宪、胡隽："论渎职罪主体立法的反思与完善——以《联合国反腐败公约》为视角"，见《中国刑法学年会文集》（2005年度）第二卷（上册），中国人民公安大学出版社2005年版，第117页

家机关公务资格的方式有三种：一是由宪法和法律直接规定；二是经法律、法规或者国家机关授权；三是受国家机关委托。

二、渎职罪主体的范围

《立案标准》附则（三）将渎职罪主体明确界定为五类人员，有人认为这是针对国家机关工作人员做了扩大解释，也有人认为这是在国家机关工作人员的基础上，新增加了犯罪主体。笔者认为，《立案标准》附则（三）是依照刑法和立法解释对法律条文立法原意的阐释，或者说是进一步明确了法律条文的含义，并不是对法律条文的修改和补充。

（一）在国家机关中从事公务的人员

这是传统意义上的国家机关工作人员，或者称为严格意义上的国家机关工作人员，包括在各级国家权力机关、行政机关、司法机关和军事机关中从事公务的人员。国家权力机关，是指全国和地方各级人民代表大会及其常委会的机关；国家行政机关，是指国务院和地方各级人民政府及其所属的行政管理机关；国家司法机关，是指各级人民法院和人民检察院；军事机关，是指对国家武装力量实行管理的各级机关。在上述机关中从事公务的人员属于国家机关工作人员，在理论界和实务界争议都不大，但下列人员是否也能构成渎职罪主体需要进一步探讨。

（1）各级人民代表大会代表。根据我国宪法规定，人民代表大会是国家权力机关，人大代表在整体上以人民代表大会的形式对国家从事管理工作、行使国家权力。《宪法》第76条规定："全国人民代表大会代表必须模范地遵守宪法和法律，保守国家秘密，并且在自己参加的生产、工作和社会活动中，协助宪法和法律的实施，全国人民代表大会代表应当同原选举单位和人民保持密切的联系，听取和反映人民的意见和要求，努力为人民服务。"由此可见，我国人民代表大会代表的非专职性、权力行使的整体性决定各个人大代表在日常工作中并不直接行使国家权力，而仅仅是协助宪法和法律的实施，其行为显然并不是公务行为。❶即使在履行职权期间的各级人大代表，由于依照宪法规定，人大代表在代表大会各种会议上的发言和表决不受法律追究，因此，也不会构成渎职罪主体。由此可见，单个的各级人民代表大会代表并非国家机关工作人员，只有人大代表身份而不从事国家机关公务活动不能构成渎职罪主体。那些为了权力机关的正常工作而提供机关事务管理工作的人员，才是国家机关工作人员。

（2）人民监督员。人民监督员制度是最高人民检察院为了进一步完善检察机关查办职务犯罪案件外部监督机

---

❶ 林杰坤："论国家工作人员的法律认定"，载《中山大学学报论丛》2002年第2期，第12～13页。

制，促进依法正确行使检察权，而在全国范围内开展的一项具有探索性的检察改革。人民监督员对检察机关查办的职务犯罪案件进行独立监督、评议和表决，评议意见不是检察机关的决定，对检察机关有一定的约束力但不具有法定的效力，也就是说人民监督员享有的仅仅是对检察机关查办职务犯罪案件的监督评议权，而不享有检察权。❶因此，在履行职务期间的人民监督员不应视为在司法机关中从事公务的人员。

（3）人民陪审员。人民陪审员制度是由人民群众的代表与法院的审判员共同审判案件，行使国家审判权的一种制度，是公民参与司法活动的重要形式。人民陪审员通过与法官组成合议庭的方式参与法院的审判工作，合议庭的评议意见将形成法院本身的判决，具有法定效力，也就是说人民陪审员作为审判组织的组成人员，与法官一样享有国家审判权。❷因此，履行职务期间的人民陪审员应当视为在司法机关中从事公务的人员。

（二）在依照法律、法规规定行使国家行政管理职权的组织中从事公务的人员

有学者认为，"依照法律、法规规定行使国家行政管

---

❶ 周永年："关于人民监督员制度法律定位的思考"，载《犯罪研究》2007年第4期，第74页。

❷ 同上。

理职权的组织，不外乎是指依法具有某种行政管理职能的国有公司、企业、事业单位、人民团体等国有单位。"❶也有学者认为，"依照法律、法规规定行使国家行政管理职权的组织，应当排除国有公司、企业、事业单位三类组织。"❷笔者同意后一种观点，因为1999年12月25日《刑法修正案》第2条已经将国有公司、企业、事业单位的工作人员"由于严重不负责任或者滥用职权，造成国有公司、企业破产或者严重损失，致使国家利益遭受重大损失的"，规定为国有公司、企业、事业单位人员失职罪，国有公司、企业、事业单位滥用职权罪。因此，"依照法律、法规规定行使国家行政管理职权的组织"，是指国家机关和国有公司、企业、事业单位之外的、实际行使国家行政管理职权的组织，具体包括以下几种情况。

（1）法律、法规直接授权某些组织在特定领域行使国家行政管理职权。例如，《证券法》第7条规定："国务院证券监督管理机构依法对全国证券市场实行集中统一监督管理"；《保险法》第9条规定："国务院保险监督管理机构依照本法负责对保险业实施监督管理"。证监会和保监会都是国务院直属事业单位，不是国家机关，但其依照《证券

---

❶ 何泽宏："刑法中的国家工作人员之立法与司法解释评析"，载《现代法学》2003年第1期，第97页。

❷ 蒋兰香："渎职罪主体新论——对一个立法解释的解读"，载《时代法学》2004年第1期，第77页。

法》和《保险法》行使行政管理职权。这些机构中从事公务的人员，在代表国家机关行使职权时，应视为国家机关工作人员。如本文所引的案例中的周某某即属于在特定领域内行使国家行政管理职权的人员，应认定为国家工作人员，其未依法履行相应的职责，则构成玩忽职守罪。

（2）在机构改革中，将原来的一些国家机关调整为事业单位，但仍然保留其行使某些行政管理的职能。例如，国家知识产权局、气象局、地震局等国务院直属事业单位，由于法律、法规明确规定了它们在各自的相关行业的行使行政管理职权，因而，在这些单位行使行政管理职权时从事公务的人员，应视为国家机关工作人员。

（3）设置在非国家机关内，但其本身具有国家机关性质的机构。例如，在铁路、林业、农垦、油田等国有企业系统内部设立的公安机构、检察机构、审判机构、纪检监察机构等，都属于企业编制，但实际上行使着国家管理的职能，因而视为国家机关。最高人民检察院2001年4月24日给陕西省人民检察院的《关于企业事业单位的公安机构在机构改革过程中其工作人员能否构成渎职侵权犯罪主体问题的批复》规定："企业事业单位的公安机构在机构改革过程中虽尚未列入公安机关建制，其工作人员在行使侦查职责时，实施渎职侵权行为的，可以成为渎职侵权犯罪的主体。"

（4）一些国家机关职能调整，出现"两块牌子，一套人马"的机构。例如，烟草专卖局（公司）、粮食局（公司）等部门，其工作人员拥有双重身份，既作为国家机关工作人员行使着国家对特殊行业的行政管理职权，又作为企业经营者从事生产经营活动，对其认定渎职罪主体应当正确分析行为人在渎职行为过程中所履行职责或者行使职权的性质。其核心是要鉴别行为人是否在行使国家机关工作人员的职责：如果是在行使国家管理职能时进行渎职犯罪的，则应以渎职罪的规定定制处罚；如果是在从事企业经营活动中的业务时发生的渎职行为，则应以国有公司、企业、事业单位人员失职罪或滥用职权罪进行处罚。❶ 如被告人刘某某、杨某，二人原系河南省宜阳县粮食局干部。2002年年初，湖北省鄂州市某面粉有限公司通过电话向被告人刘某某求购小麦。刘某某向粮食局领导汇报后，该局领导即派刘某某和杨某等人到该面粉有限公司考察。二被告人在没有对该公司作全面认真考察的情况下，即向粮食局领导汇报可以做生意。同年3月和4月，刘某某和杨某以宜阳县粮食局第三直属库的名义，与该面粉有限公司签订了两批共计120万公斤的小麦购销合同，对方给付了粮款。同年5月，二被告人再次到该面粉有限公司进行了简单考察，并于5月下旬和6月上旬，采用传真的形式与之签订了

---

❶ 郭立新、苏凌主编：《渎职侵权犯罪认定疑难问题解析》，中国检察出版社2008年版，第9页。

300万公斤的小麦购销合同。在合同的签订和履行中，二被告人又违背粮食购销中跨行业不能赊销、资金封闭运行和粮食出库报告的有关规定，也未派人到湖北监督交付粮食。该面粉有限公司收到小麦后，随即低价销往他处，将粮款全部挥霍，致使近300万公斤小麦被骗，319万元粮款至今无法追回。宜阳县法院以国家机关工作人员签订、履行合同失职罪，分别判处刘某某、杨某有期徒刑三年，缓刑四年。❶

（5）工会、妇联、共青团等人民团体。人民团体是指由于历史原因而形成的从事特定的社会活动的全国性群众组织，在我国政治生活中占有重要的地位，被定位为党和国家与人民群众之间的双向的桥梁与纽带。因为人民团体由国家编委统一制定编制、经费由国家财政支付，并具有一定的行政管理职能，所以笔者认为在现阶段应当将其确定为"依照法律、法规规定行使国家行政管理职权的组织"。

（三）在受国家机关委托代表国家机关行使职权的组织中从事公务的人员

"委托"的原意是请人代办。从法律上讲，委托是指当事人一方（委托人）请另一方（受托人）代为处理事务，受托人必须以委托人的名义在委托的权限内进行活

---

❶ "三百万给了骗子，河南宜阳粮食局干部被判"，载http://www.3edu.net/lw/dzzx/lw_69356.html，最后访问时间：2016年9月20日。

动，而其活动的结果由委托人承担。实践中，一些国家机关依法将某些管理职权委托给非国家机关的组织代为行使，受委托组织对外以国家机关的名义行使国家管理职权，其行为后果由委托的国家机关承担，这些组织中的工作人员在行使国家管理职权时，应视为国家机关工作人员。例如，受文化局委托负责娱乐场所的审批、管理、检查等工作的文化市场管理办公室的工作人员，受卫生局委托负责食品卫生的检查、监督等工作的卫生防疫站的工作人员。如被告人杜某某，原系北京市大兴区南红门水务所（事业单位）所长，其在担任大兴区永定河管理所所长期间，在负责管理、监督、使用财政拨款和专项资金工作中，严重不负责任，不认真履行监管职责，造成永定河管理所财务管理长期混乱，存在严重漏洞，致使财政拨款和专项资金236万余元被挪用，案发时仍有36万余元未追回。法院以玩忽职守罪，判处被告人杜某某有期徒刑六个月。

此外，全国人大常委会于2000年4月29日通过的《关于〈中华人民共和国刑法〉第九十三条第二款的解释》规定，村民委员会等村基层组织人员协助人民政府从事特种款物的管理、国有土地的经营和管理、土地征用补偿费用的管理以及代征、代缴税款等七项行政管理工作时，属于"其他依照法律从事公务的人员"，即以国家工作人员论。此处的"协助"应当理解为"受委托"，并且《关于〈中华人民共和国刑法〉第九章渎职罪主体适用问题的解释》

出台后，根据"新法优于旧法"的法律适用原则，村民委员会等村基层组织人员受人民政府委托行使行政管理职权时，应当视为国家机关工作人员。❶同样，城市居民委员会协助国家机关从事行政管理工作时，其行使行政管理职权的工作人员也应视为国家机关工作人员。

（四）虽未列入国家机关人员编制但在国家机关中从事公务的人员

针对这些人员的身份问题，近年来"两高"先后发布了一系列司法解释，例如，最高人民法院2000年9月22日发布的《关于未被公安机关正式录用的人员、狱医能否构成失职致使在押人员脱逃罪主体问题的批复》，最高人民检察院于2000年5月4日发布的《关于镇财政所所长是否适用国家机关工作人员的批复》、于同年10月9日发布的《关于合同制民警能否成为玩忽职守罪主体问题的批复》、于同年10月31日发布的《关于属工人编制的乡（镇）工商所所长能否依照刑法第397条的规定追究刑事责任问题的批复》、于2001年3月2日发布的《关于工人等非监管机关在编监管人员私放在押人员行为和失职致使在押人员脱逃行为适用法律问题的解释》等，这些虽不属于国家机关的正式在编人员，但由于临时借调、聘用等关系而在国家机关中行使国

---

❶ 蒋兰香："渎职罪主体新论——对一个立法解释的解读"，载《时代法学》2004年第1期，第80页。

家机关职权的人员，其本身并不属于国家机关工作人员，当其代表国家行使管理职责时，应当视为国家机关工作人员，成为渎职罪的主体。如被告人钟某某，原系北京市东城区住宅发展中心职员（合同制）。2002年7~8月，钟某某在负责东城区民安危改区安置方案审核工作中，明知北京某拆迁服务咨询中心上报的10份民安危改区安置方案存在虚增安置人口等虚假情况，违反规定予以审核通过，给国家造成经济损失197万余元。法院以滥用职权罪判处被告人钟某某有期徒刑一年。

（五）在乡（镇）以上中国共产党机关、人民政协机关中从事公务的人员

有观点认为，根据我国《宪法》第5条第3款的规定，将国家机关与政党、各社会团体、企事业单位并列规定，虽然从政体和国情来看，中国共产党的各级组织在我国的政治、经济、社会生活各领域中发挥领导作用，但从其性质来看，毕竟是一个政党而不是国家机构，不宜将中国共产党的各级组织视为《刑法》第93条中的国家机关。[1]笔者不同意此种观点。

根据宪法规定，中国共产党作为执政党和领导国家

---

[1] 贾济东：《渎职罪构成研究》，知识产权出版社2005年版，第46~47页。转引自朱丽欣：《职务犯罪刑法适用指导》，中国检察出版社2006年版，第166页。

的政治力量，一切国家机关都必须接受和服从中国共产党的领导。中国共产党的各级机关"不仅具有领导中央或地方各级国家机关履行国家管理权的职能的作用，在绝大多数情况下往往直接具有决定内部机构设置、人事安排的职能，并且往往还具有单独以自己的名义与国家机关一起共同颁布对非党员公民具有强制性约束力的行政规范"。❶在一定程度上，中国共产党的各级机关工作人员权力的运用比国家机关工作人员更为便利，如果党的各级机关工作人员有渎职犯罪行为而不作为国家机关工作人员对待，则有悖于党中央的反腐败工作。因此，中国共产党的各级机关应当视为国家机关，其中从事公务的人员应当视为国家机关工作人员。如被告人常某，原系山西省左云县张家场乡党委书记。2006年5月18日，左云县张家场乡新井煤矿发生透水事故，事故发生时当班人数共266人，其中脱险210人，死亡56人。事故发生后，被告人常某随即赶到事故现场，安排专人认真核实被困人数，在明知被困井下人数已核实到50多人的情况下，提议上报被困人数为5人，与实际情况严重不符，并指示矿方编造下井人员名册。法院以滥

---

❶ 陈忠林："如何认定我国刑法中的'国家机关工作人员'"，见高铭暄、马克昌主编：《刑法疑难热点问题探讨》，中国人民公安大学出版社2001年版，第874页。

用职权罪，判处被告人常某有期徒刑二年。❶

　　值得注意的是，我国最低一级的国家机关是乡（镇），与此对应，在乡（镇）以上中国共产党的机关才是上述"中国共产党的各级机关"。而中国共产党在国有公司、企业、事业单位、人民团体和群众性自治组织中的各级党委仅是中国共产党的一级组织，履行的不是国家机关职能，从事的不是国家机关公务，其工作人员不能视为国家机关工作人员。

　　同样，中国人民政治协商会议是具有广泛代表性的爱国统一战线组织，它是在中国共产党领导下，实现同各民主党派以及其他民主团体和爱国人士进行政治协商的机关，其从事的是具有全局意义的管理国家事务的活动，并且可以直接左右或者影响权力机关的决策与活动。因此，在乡（镇）以上人民政协机关中从事公务的人员也应当视为国家机关工作人员。

三、反思及建言

　　当前，我国正处于政治体制改革时期，政府职能正在进行优化调整，国家对经济的调控方式逐渐从微观管理转变为宏观调控，一些具体的国家行政管理职能交给了相当一部分被称做企业或者事业单位的机构行使，并且在今后

---

❶　王振川主编：《反渎职侵权典型案例选编》，法律出版社2009年版，第195～197页。

相当长的时间内这种现象仍将存在。因此，现行刑法将渎职罪主体限定为"国家机关工作人员"，与我国当前的社会实际不完全相符，是立法的不当超前。有的学者更是认为："将渎职罪的犯罪主体规定为国家机关工作人员是不顾我国的社会现实的、纯学术的概念游戏。"❶从这个意义上讲，不管是立法解释，还是司法解释，将渎职罪主体范围予以扩大实属无奈。不过，这样的做法，既回避了渎职罪的主体是否仍为"国家机关工作人员"这一重要命题，又使得刑法中已有明确含义的"国家机关工作人员"这一概念产生歧义。因此，立法解释和司法解释的出台并不能从根本上解决渎职罪主体在立法上和司法实践中存在的问题，反而引起新的争论。❷

笔者认为，"国家机关工作人员"的含义应当具有稳定性，不能通过立法解释或者司法解释随意改变，其范围应当严格限定为：在国家机关中从事公务的人员，包括在各级国家权力机关、行政机关、司法机关和军事机关中从事公务的人员。笔者建议将渎职罪的主体修改为"国家公务人员"，作为"国家机关工作人员"的上位概念，并和从事集体公务的人员相区别，包括国家机关工作人员和

---

❶ 韩耀元：《渎职罪的定罪与量刑》，人民法院出版社2000年版，第70页。

❷ 杜国强："渎职罪主体立法解释评析与完善探究"，载《检察实践》2004年第2期，第5页。

其他依法行使国家行政管理职权的人员。首先，"国家公务人员"这一称谓更能突出渎职罪主体"从事国家机关公务"的本质特征，避免了司法实践中再以传统的"身份论"及"公务论"来认定犯罪主体的不科学的片面做法，更有利于打击渎职犯罪；其次，"国家公务人员"不仅包括国家机关工作人员，而且还囊括《立法解释》增加的三类人员和《立案标准》中四类"视为国家机关工作人员"的人员，避免对《刑法》第93条规定的"国家工作人员""准国家工作人员"概念造成冲击；最后，"国家公务人员"这一概念具有高度的灵活性和概括性，能够适应不断发展变化的社会形势，在一些人员从事国家机关公务的性质发生变化时，可以通过刑法解释的方式不断完善"国家公务人员"的内容，更有利于维护刑法的稳定性。

浅析单位犯罪之自首认定

【本文要旨】

司法实践中，自首是最重要的量刑情节之一，是公诉人、法官和被告人及其辩护人最关注的事实之一，一旦被认定为自首，被告人的刑罚会大大减轻，甚至免除。当前，不论刑法理论界，还是司法实务界，对单位犯罪的自首问题鲜有研究。本文拟从单位犯罪的概念、特征谈起，对单位犯罪的自首认定问题做浅显分析，以期明晰单位犯罪中被告单位、被告人自首的认定条件。

【案情简介】

2007年9月，被告人周某注册成立某钾矿肥有限责任公司，为使该公司重组上市，公司实际控制人周某组织公司管理人员开会集体研究决定采取签订预售合同和虚假销售合同、虚开增值税专用发票的方法虚增销售业绩，并授意被告人公司财务总监周某某、财务副总监唐某某具体实施。2010年10月至2012年9月，被告单位某钾矿肥有限责任公司先后向四川某实业有限公司等8家单位共计虚开增值税专用发票价税合计3 300余万元，虚开税款数额共计430余万元，造成国家税款损失共计500余万元。

2013年12月1日，因涉嫌非法经营罪，周某被公安机关采取指定居所监视居住强制措施。2013年12月2日，因涉嫌非法经营罪，周某某被公安机关采取指定居所监视居住强制措施。2015年1月28日，因涉嫌虚开增值税发票罪，唐某某被公安机关逮捕。

案发后，被告人周某某在被采取强制措施前，主动交代了虚开增值税发票的犯罪事实，随后周某也交代了该犯罪事实。之后，被告人唐某某先是作为证人向办案人员如实提供了证言，被确定为犯罪嫌疑人、被逮捕后，如实供述犯罪事实。

【问题】

单位犯罪中，被告单位能否成立自首？被告人为多人，且前后到案，如何认定自首？

【理论探析】

自首是指犯罪以后自动投案，向公安机关、人民检察院、人民法院或者其他有关机关如实供述自己的罪行的行为。根据我国《刑法》第67条规定，对于自首的犯罪分子，可以从轻或者减轻处罚。其中，犯罪较轻的，可以免除处罚。最高人民法院、最高人民检察院针对自首认定也多次发布司法解释。当前，刑法理论界对个人自首的研究已经很全面、很深入，在司法实践中对个人自首的认定争议也不是很大。但理论界对于单位犯案中单位能否成立自首、单位直接负责的主管人员和其他直接责任人如何认定自首的研究还不够，在司法实践中存在诸多争议。

一、单位犯罪的概念和特征

单位犯罪是指公司、企业、事业单位、机关、团体等法定单位，经单位集体研究决定或由有关负责人员代表单位决定，为本单位谋取利益而故意实施的，或不履行单位法律义务、过失实施的危害社会，而由法律规定为应负刑事责任的行为。❶

单位犯罪有如下法律特征：

（1）犯罪主体的特殊性。单位犯罪的主体必须是公司、企业、事业单位、机关、团体等决定单位。其中"公司、企业、事业单位"，既包括国有、集体所有的公司、企业、事业单位，也包括依法设立的合资经营、合作经营企业和具有法人资格的独资、私营等公司、企业、事业单位。个人为进行违法犯罪活动而设立的公司、企业、事业单位实施犯罪的，或者公司、企业、事业单位设立后，以

---

❶　高铭暄、刘远："论新刑法规定的单位犯罪"，载110法律咨询网，2011年5月30日。

实施犯罪为主要活动的，不以单位犯罪论处。❶

（2）犯罪主观方面的多样性。单位犯罪既可以由故意构成，也可以由过失构成。对此，在我国《刑法》"总则"中没有明文规定，但从分则关于单位犯罪的具体规定来看，单位犯罪大多数都是故意犯罪，但也存在少数的过失犯罪，例如《刑法》第137条规定的工程重大安全事故罪，第229条第3款、第231条规定的出具证明文件重大失实罪等。

（3）单位犯罪的法定性。我国《刑法》第30条规定："公司、企业、事业单位、机关、团体实施的危害社会的行为，法律规定为单位犯罪的，应当负刑事责任。"该法条明确了单位负刑事责任的范围，即必须由刑法分则或分则性条文明确规定，刑法条文中没有明确规定为单位犯罪的，则不构成单位犯罪。

（4）犯罪意志的整体性。单位犯罪必须是在单位主体的意志支配下实施的，犯罪意志是单位的整体意志。大多数单位犯罪往往具有为本单位谋取非法利益的动机，也有个别的单位犯罪，虽然不具有为单位谋取非法利益的动机，但往往也是以单位名义实施的，例如《刑法》第396条第1款规定的私分国有资产罪。如果单位内部人员，盗用单位名义实施

---

❶ 1999年6月25日最高人民法院《关于审理单位犯罪案件具体应用法律有关问题的解释》（自1999年7月3日起施行）第1～2条。

犯罪，违法所得由实施犯罪的个人私分的，不构成单位犯罪，应依照刑法有关自然人犯罪的规定定罪处罚。❶

二、单位犯罪中，被告单位自首的认定

2002年7月8日，最高人民法院、最高人民检察院、海关总署《关于办理走私刑事案件适用法律若干问题的意见》第21条规定：在办理单位走私犯罪案件中，对单位集体决定自首的，或者单位直接负责的主管人员自首的，应当认定单位自首。这是关于单位可以构成自首的第一个正式司法解释，此后还有司法解释予以明确。❷

单位犯罪是在单位意志支配下由单位成员具体实施的，因此，单位自首也必须体现单位的意志并由单位成员具体实施，如果投案人的投案行为不能代表单位意志，其自动投案并如实供述罪行的行为，仅仅成立个人自首，不能成立单位自首。根据单位犯罪的决策者不同，认定单位自首的条件也有所区别。

（1）单位犯罪是经单位集体研究决定实施的。犯罪以后，只有再经单位集体研究决定自首，才能代表单位的自首意志，如果单位内部在自首问题上存在不同意见，适

---

❶ 1999年6月25日最高人民法院《关于审理单位犯罪案件具体应用法律有关问题的解释》（自1999年7月3日起施行）第3条。

❷ 2009年3月12日最高人民法院、最高人民检察院《关于办理职务犯罪案件认定自首、立功等量刑情节若干问题的意见》第1条第5款。

用少数服从多数原则来认定。单位决定自首之后，由能够代表单位意志的负责人或单位集体决定委派本单位其他人员向公安机关、人民检察院、人民法院或者其他有关机关自动投案、如实供述单位的犯罪事实，应当认定为单位自首。如果不是单位集体研究决定自首，而是单位负责人或其他人员个人决定自动投案，则不能认定为单位自首。

（2）单位犯罪是由有关负责人员代表单位决定实施的。犯罪以后，只有该负责人员决定以单位名义自首，并向公安机关、人民检察院、人民法院或者其他有关机关自动投案、如实供述单位的犯罪事实，才能够认定为单位自首。此时，该负责人的自首行为，既代表了单位意志，也代表了其个人意志。

三、单位犯罪中，被告人自首的认定

我国《刑法》第31条规定，单位犯罪的，对单位判处罚金，并对其直接负责的主管人员和其他直接责任人员判处刑罚。"直接负责的主管人员"，是在单位实施的犯罪中起决定、批准、授意、纵容、指挥等作用的人员，一般是单位的主管负责人，包括法定代表人。"其他直接责任人员"，是在单位犯罪中具体实施犯罪并起较大作用的人员，既可以是单位的经营管理人员，也可以是单位的职工，包括聘任、雇

用的人员。❶单位犯罪中，被告单位和被告人自首的认定既有联系，又有所区别，单位自首的效果可及于个人但须以个人如实交代其掌握的罪行为条件，个人自首的成立不以单位自首为条件但个人自首的效果不能及于单位。❷

（1）被告单位成立自首的情况下，被告人自首的认定。若单位犯罪、单位自首是经集体研究决定的，参与单位犯罪的直接负责的主管人员和其他直接责任人员，只要认同单位的自首意志，随时配合相关办案机关的调查，如实供述自己参与单位犯罪的事实，均可认定为自首。若单位犯罪、单位自首是由有关负责人员代表单位决定的，该负责人认定为自首，但其自首行为不能代表单位犯罪所有参与者的意志，单位直接负责的主管人员和其他直接责任人员如果没有自动投案并如实供述自己的罪行，则不能认定为自首。

（2）被告单位不成立自首的情况下，被告人自首的认定。参与单位犯罪的直接负责的主管人员和其他直接责任人员，只有在犯罪以后自动投案、如实供述自己的罪行的，才能认定为自首。

（3）多名被告人的自首的认定。参与单位犯罪的直接

---

❶　2001年1月21日最高人民法院《全国法院审理金融犯罪案件工作座谈会纪要》。

❷　朱玉光编著：《自首、立功、坦白认定指南：100个刑事疑难案例梳理剖析》，法律出版社2016年版，第93页。

负责的主管人员和其他直接责任人员，虽有多人，但只要在犯罪事实或者犯罪嫌疑人未被司法机关发觉，或者虽被发觉，但犯罪嫌疑人尚未受到讯问、未被采取强制措施时，主动、直接向公安机关、人民检察院或者人民法院投案，如实交代自己的主要犯罪事实，应当认定为自首。❶因此，单位犯罪的多名被告人，只要在未被采取强制措施之前，自动投案，如实供述自己的罪行的，均可认定为自首。

---

❶ 1998年4月17日最高人民法院《关于处理自首和立功具体应用法律若干问题的解释》（自1998年5月9日起施行）第1条。